김구 아저씨의 비밀의 집

교과연계		
3-1 국어 ㉯		7. 아는 것을 떠올리며
3	도덕	1. 소중한 나
4-1 국어 ㉮		1. 이야기 속으로
4-1 국어 ㉯		9. 생각을 나누어요
5-1 국어 ㉮		1. 인물의 말과 행동
6-1 국어 ㉯		8. 책 속의 지혜를 찾아서
6-2 국어 ㉮		6. 타당한 주장

김구 아저씨의 비밀의 집

김선희 글 | 정문주 그림 | 원유상 도움글

주니어김영사

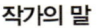

작가의 말

김구 아저씨가 들려주는 공부의 진짜 의미

　어른들은 아이들에게 행복한 사람이 되라고 합니다. 그러면서 남들보다 더 공부를 잘하고, 남들보다 더 돈을 많이 벌고, 남들보다 더 높은 지위에 오르기를 바라지요.
　어떻게 사는 게 행복하게 사는 걸까요? '남들보다 더' 잘 사는 것에만 정신이 팔려 정작 중요한 '나 자신'은 잊고 있는 건 아닐까요? 우리는 행복의 기준을 '남'에게만 두고 있는 건 아닐까요?
　그래서 어른들은 제대로 사는 게 어떤 것인지 알기 위해 인문학을 공부하라고 합니다. 하지만 요즘은 인문학조차도 남들에게 지식을 뽐내는 도구나 시험을 잘 보기 위한 도구가 되어 버린 듯합니다.
　백범 김구는 조선의 독립을 위해 애쓴 독립운동가이기 전에 자기 자신에 대한 믿음, 자신만의 강한 철학을 가진 사람이었습니다. 그런 덕분에 장난꾸러기였던 어린 시절, 못생긴 얼굴 때문에 스스로 열등감에 시달렸던 청년 시절을 남과 다르게 보냈습니다. 끊임없는 반성과 공부로 자신의

　한계를 뛰어넘는 시간을 보낸 것입니다. 자신과 세상에 대한 의문이 들 때마다 더 열심히 공부하면서 몸과 마음을 단련했습니다. 결국 그런 자세가 김구를 더 강한 사람으로 만들었고, 그 힘은 조선의 독립을 위한 엄청난 힘이 되었습니다.

　여러분도 김구처럼 자신에게 끊임없이 질문하고 반성하면서 살다 보면 자신만의 철학을 갖게 될 것입니다. 그리고 그 철학은 세상을 움직일 수도 있는 큰 힘이 될 것입니다. 그런 사람들이 많아지면 세상은 지금보다는 훨씬 더 좋은 세상이 되겠지요.

　저는 여러분이 그런 사람이 되기를 바랍니다.

김선희

차례

작가의 말_ 김구 아저씨가 들려주는 공부의 진짜 의미 • 4

비밀의 집에서 만난 김구 아저씨
• 누구나 자기만의 철학이 있어야 한다 • 8

대한민국 임시 정부의 편지
• 말보다 실천이 중요하다 • 38

학교에 온 김구 아저씨
• 좋은 얼굴보다 좋은 몸이 더 낫고 좋은 몸보다 좋은 마음이 더 낫다 • 74

싫다고 말할 수 있는 용기
• 뭉우리돌 정신으로 무장하다 • 100

[ 골목에서 사라진 형들]
• 국가는 망해도 인간은 망하지 않는다 • 118

[ 그리운 김구 아저씨]
• 머리가 되기보다 발이 되어라 • 136

독립운동가이자 민족주의자인 김구는 어떤 사람일까? 146
독후활동지 160

비밀의 집에서 만난 김구 아저씨
• 누구나 자기만의 철학이 있어야 한다 •

어진이는 진열장 한가운데 얌전히 놓여 있는 은색 에어맥스 운동화를 뚫어져라 쳐다보았다. 어제까진 없었는데 오늘 새로 들어온 상품 같았다.

가슴이 두근두근 뛰었다. 날렵한 디자인, 어떤 충격도 흡수할 것 같은 두터운 에어쿠션, 은가루를 뿌린 것 같은 눈부신 색깔은 여태 본 운동화 중에서 제일 멋졌다.

어진이는 자기 운동화를 내려다보았다. 시장에서 산 짝퉁 운동화는 N사 오리지널 제품에 비하면 조잡하기 짝이 없다. 한눈에 봐도 싸구려 운동화인 게 드러났다.

짝퉁 운동화를 신고 학교에 가는 건 정말 싫다. 아이들이 귀신같이 알아차리고 그 사람까지 짝퉁 취급을 한다. 오리지널을 신은 아이들은 저희들끼리만 놀았다. 유치원 때부터 그랬다.

어진이는 홀린 듯 매장 안으로 들어갔다. 안에는 신발을 구경하거나 신어 보는 사람들로 바글바글했다. 오늘이 세일 마지막 날이었다.

어진이가 매장을 두리번거리고 있는데 머리를 뒤로 묶은 점원 누나가 다가왔다. 어진이 뒤를 힐끔거리더니 혼자 온 걸 확인하고는 미심쩍은 눈빛으로 물었다.

"뭐 찾는 거 있니?"

어진이는 윈도우에 걸려 있는 은색 에어맥스 운동화를 가리키며 말했다.

"저거 주세요."

점원 누나는 운동화와 어진이를 번갈아 보며 물었다.

"저건 신상이라 좀 비싼데?"

어진이는 기분 나쁘다는 투로 퉁명스럽게 대답했다.

"줘요."

점원 누나는 잠시 기다리라고 하고는 창고로 들어가 박스 하나를 가지고 나왔다. 누나가 박스를 열자마자 운동화에서 반짝반짝

빛이 나 눈이 부셨다. 마치 상자에 가득 들어 있던 은가루가 뚜껑을 열자마자 터져 나온 것 같았다. 가슴이 또 두근거렸다.

가격표를 보았다. 17만 8000원, 끔찍하게 비싸다. 어진이네 반에는 더 비싼 운동화를 신는 아이들도 있다. 하지만 어진이는 이런 운동화는커녕 오만 원이 넘는 운동화도 신어 본 적이 없었다.

침이 꼴깍 넘어갔다.

"이건 신상이라서 세일은 십 퍼센트만 해요."

점원 누나가 어진이에게 운동화를 신겨 주려고 했다.

"제가 신을게요."

어진이는 점원 누나의 손을 뿌리치고 운동화를 신었다. 235밀리미터, 발에 딱 맞았다. 양쪽을 다 신고 걸어 보았다. 안 신은 것처럼 편안하고 가벼웠다. 구름 위를 둥둥 떠다니는 것 같았다. 점프를 하면 하늘에라도 닿을 것 같은 느낌이었다. 이 운동화를 신고 가면 아이들이 구름떼처럼 몰려와서 부러워할 것이다. 걸어도 날아다니는 것처럼 황홀할 것이다.

'이 운동화만 신으면……, 이 운동화만 신으면……'

그때 한 무리의 고등학생들이 매장 안으로 들어왔다. 고등학생들은 시끄럽게 떠들어 대며 흩어져서 운동화를 구경했다. 그리고는 운동화를 골라 여기저기서 사이즈를 물었다. 세 명뿐인 점원은 그 학생들을 상대하느라 정신이 하나도 없어 보였다. 어진이 옆에 서 있던 점원 누나도 고등학생들에게로 갔다.

'뭘까?'

갑자기 그런 생각이 들었다. 어진이에게 신경 쓰는 사람은 한 명도 없었다. 운동화를 신고 나가도 아무도 모를 것 같았다.

다리가 후들후들 떨렸다. 운동화는 어진이에게 '나를 신고 어디든 달아나 줘. 제발.' 하고 애원하는 듯했다.

어진이는 슬금슬금 문 쪽으로 걸어갔다. 점원 누나 한 명은 운동화를 가지러 창고로 달려갔고, 나머지 두 명은 고등학생들에게 신발을 신기며 설명하느라 정신이 없었다.

어진이는 문 앞에 서서 생각했다.

'저 문만 나가면…….'

슬며시 한쪽 발을 열려 있는 문밖으로 내밀었다. 아무 일도 일어나지 않았다. 뒷걸음질을 치며 나머지 한 쪽을 옮겼다. 역시 아무 일도 일어나지 않았다.

'지금이야, 도망가. 무조건 달려.'

마음에서 그렇게 소리쳤다. 어진이는 그 소리를 듣자마자 달리기 시작했다. 죽을힘을 다해 정신없이 달렸다. 그런데 뒤에서 누가 소리치는 소리가 들렸다.

"야, 너 거기 안 서? 거기 서."

돌아보니 아까 그 운동화 매장 점원 형이 쫓아오고 있었다. 어진이는 더 빨리 달렸다. 도로를 지나고, 횡단보도를 건너고, 주택가 골목을 빠져나갔다. 뛰면서 계속 돌아보니 점원 형은 악착같이 따라오고 있었다.

지친 어진이는 점점 달리는 속도가 떨어졌고, 점원 형과의 거리도 조금씩 좁혀지고 있었다. 이러다 잡히는 건 시간 문제였다.

어진이는 주위를 둘러보았다. 숨을 곳이 없었다.

'에잇, 재수 없어!'

잡히지 않으려면 딱 한 가지 방법밖에 없었다.

어진이는 재빨리 운동화를 벗어서 도로 쪽으로 냅다 던졌다. 그러자 달리던 차들이 경적을 울려 대며 갑자기 멈춰섰다. 뒤를 돌아보니 바짝 쫓아오던 점원 형이 어쩔 줄 몰라 하며 도로에 나뒹굴고 있는 운동화를 보고 있었다. 어진이는 그 틈을 타 좁은 도로 쪽으로 뛰어들어갔다.

뭔가 날카로운 것에 찔렸는지 더 이상 뛸 수 없을 정도로 발바닥이 욱신거렸다. 땅바닥에는 발바닥 모양의 핏자국이 찍혀 있었다. 그래도 멈출 수는 없었다. 어진이는 쩔뚝거리면서도 계속 달렸다.

도로 끝에는 더 길이 없었다. 대신 오래된 2층 양옥집이 버티고 서 있었다. 어진이는 땀으로 범벅이 된 얼굴로 양옥집을 올려다보았다. 대문은 녹이 잔뜩 슬어 있었고 담은 높았다.

'아, 이제 어떡하지?'

어진이는 양쪽 허벅지에 손을 올린 채 허리를 숙이고 서서 숨을 헐떡거렸다. 바닥에는 희미하게 발자국 모양의 핏자국이 찍혀 있었다. 그건 마치 '나, 여기로 도망쳤어요.' 하는 표시 같았다. 골목 입구를 보니 아까 그 점원 형이 양손에 운동화를 들고 도로 안쪽을 기웃거리고 있었다.

'에이 씨, 재수 없어.'

어진이는 주위를 둘러봤다. 더 이상 도망칠 곳이

없었다. 눈앞에 있는 양옥집은 심하게 낡았고 사람이 살지 않는 집처럼 보였다. 조심스럽게 대문을 밀어 보았다. 그러자 대문이 끼이익 요란한 쇳소리를 내며 열렸다.

어진이는 안으로 들어갔다. 넓은 마당에는 풀이 무성하게 자라고 있을 뿐 사람이 사는 흔적은 보이지 않았다. 어진이는 녹슨 걸쇠를 걸어 대문을 잠궜다.

집은 마치 유령의 집 같았다. 깨진 유리창에 달려 있는 방범 철망에는 녹이 잔뜩 슬어 있었고 현관 앞까지 잡풀이 무성했다.

어진이가 이러지도 못하고 저러지도 못하고 있는데 밖에서 말소리가 들렸다.

"여기로 들어간 것 같은데요?"

"맞아요. 발자국이 여기서 멈췄어요."

"쥐새끼 같은 녀석. 잡히기만 해!"

대문을 미는 소리가 났다. 점원 형이 여기까지 쫓아온 모양이었다. 다른 목소리도 들리는 걸로 봐서 경찰을 데리고 온 것 같았다.

어진이는 새파랗게 질린 얼굴로 마당을 가로질러 달려가 현관문을 밀쳤다. 현관문도 요란한 소리를 내며 열렸다.

집 안은 대낮인데도 어두컴컴했다. 역시 아무도 살지 않는 빈집이었다. 곳곳에 거미줄이 쳐 있고 벽은 갈라져 있고 먼지 덩어리

는 작은 공처럼 바닥을 굴러다녔다. 현관에서 보니 위층으로 올라가는 층계와 지하실로 내려가는 층계가 있었다.

어진이는 잠깐 고민했다. 위층으로 올라가서 숨을까, 아니면 지하실로 내려가서 숨을까? 고민은 오래 하지 않았다. 위층보다 지하실이 훨씬 안전해 보였다. 어진이는 지하실로 내려갔다.

하지만 지하실 문은 굳게 닫혀 있었다. 밀쳐도 보고 당겨도 봤지만 꿈쩍도 하지 않았다. 어진이는 층계 두 칸 위에서 온몸에 힘을 실어 문으로 돌진했다. 쿠당탕탕 문이 부서지는 소리가 나면서 문이 조금 열려 겨우 몸 하나 들어갈 만한 틈이 생겼다. 아무리 애를 써도 더는 열리지 않았다. 어진이는 문틈으로 겨우 들어갔다.

문을 막고 있던 것은 커다란 옷장이었다. 옷장을 밀치고 안으로 들어가자 이상한 방이 나왔다. 책상과 옷장, 장식장, 탁자가 놓여 있는 작은 방이었다. 지하실이라고 하기에는 주위가 지나치게 밝았다. 책상 앞에는 한 아저씨가 앉아 있었는데 어진이가 옷장 뒤에서 나오자 벌떡 일어나서 어진이에게 권총을 겨눴다.

"꼼짝 마. 움직이면 쏜다."

어진이는 깜짝 놀라 자기도 모르게 양손을 번쩍 들었다.

어딘지 모르게 촌스러운 머리 스타일에 찐빵처럼 둥근 얼굴, 툭 튀어나온 광대뼈와 큰 입, 오래되어 보이는 양복을 입은 아저씨는 경계심 가득한 눈빛으로 어진이를 향해 천천히 걸어왔다.

어진이는 겁에 잔뜩 질린 얼굴로 덜덜 떨며 양손을 들고 있었다. 아저씨는 어진이와 어진이가 방금 열고 들어온 문을 번갈아 보더니 고개를 갸우뚱거렸다.

"이상하다. 저 안쪽은 비밀 통로인데 어떻게 저기서 나왔지?"

아저씨는 열린 문 안쪽을 꼼꼼히 살핀 다음, 문 때문에 밀려난 옷장을 밀어 문을 가렸다. 그러고는 그때까지 겁에 질려 덜덜 떨고 있는 어진이 앞으로 오더니 총을 왼쪽 가슴 속에 넣고 나서 한결 부드러워진 얼굴로 말했다.

"그렇게 떨고 서 있지만 말고 저기 앉아서 네가 어떻게 저 문으로 들어오게 됐는지 말해 봐라."

어진이는 아저씨가 갖다 준 물 한 잔을 마시고 나서야 조금 진정되었다. 그리고 사실대로 말을 할까 말까 고민하기 시작했다. 만약 사실대로 말한다면 운동화 매장에서 운동화를 훔쳐 달아난 것부터 이야기를 해야 한다. 이 아저씨가 나를 경찰서로 넘겨 버리면 어떡하지? 거짓말을 할까? 우연히 빈집을 발견해서 지하실로 내려와 문을 열고 들어와 보니 여기였다고 말할까?

하지만 그것도 통하지 않을 것 같았다. 왜 빈집에 혼자 들어오게 됐으며, 분명히 이곳에 들어왔을 때는 뭔가에 쫓기는 듯했을 텐데 그건 어떻게 설명할지 막막했다.

한참 고민하던 어진이는 모든 걸 솔직히 고백하기로 했다. 아저씨 왼쪽 가슴에 있는 권총도 겁이 났지만, 무엇보다 아저씨는 무서워 보인 첫인상과는 달리 시간이 지날수록 마음씨가 좋아 보였다.

어진이는 며칠 전부터 운동화 매장에서 매일 에어맥스 운동화를 보던 것, 오늘 매장에 들어가 자기도 모르게 새로 나온 에어맥스 운동화를 훔치게 된 것, 점원 형에게 쫓겨 도망치다 낡은 집으로 숨어들어 이곳까지 오게 된 과정을 이야기했다. 아저씨는 진지하게 어진이의 이야기를 들었다.

한참 말없이 듣고 있던 아저씨가 어진이의 발을 내려다봤다. 양말은 흙과 먼지, 발바닥에서 나온 피로 얼룩져서 더러웠다.

아저씨는 일어나더니 약 상자를 꺼내 왔다.

"다쳤구나. 가만히 있어 봐라."

아저씨는 어진이의 양말을 벗기고 솜에 소독약을 적셔 더럽고 상처난 발을 조심스럽게 닦아 주기 시작했다. 어진이는 당황해서 어쩔 줄을 몰랐다.

뭔가에 찔린 발바닥은 소독을 하자 따끔거렸다.

"아얏!"

어진이는 비명을 질렀다. 아저씨는 어진이의 발을 들어 호호 불어 주었다. 그리고 발을 마저 소독하고 상처에 연고를 발라 붕대를 감아 준 뒤 옷장에서 양말을 하나 꺼내 왔다.

"이거 신어라. 너한테는 좀 크겠다만 안 신는 것보단 낫겠지."

어진이는 아저씨가 건네준 양말을 신었다. 아주 낡은 회색 양말이었는데 군데군데 구멍이 나서 꿰맨 자국이 있었다.

"네가 거짓말을 하고 있지 않다면 넌 미래에서 온 게 틀림없는 것 같은데……."

미래? 그렇다면 여긴 과거인가, 도대체 여기가 어디지? 어진이는 그제야 주위를 두리번거렸다. 창밖으로 보이는 풍경이나 사무실 같은 방 안의 분위기는 낯설었다. 그런데 눈앞에 있는 아저씨의 모습은 어딘지 모르게 굉장히 낯이 익었다. 하지만 여기가 어딘지 이 아저씨가 누군지 아무리 기억을 떠올리려고 해도 떠오르지 않았다.

"여긴 어디죠? 아저씨는 누구예요?"

"여긴 중국에 있는 대한민국 임시 정부 청사 사무실이고 나는 백범 김구다."

"네?"

어진이는 기절할 것처럼 놀랐다. 중국에 있는 대한민국 임시 정부라면 일제 강점기이다. 그리고 백범 김구는 이미 오래전에 죽었다. 그런데 이 아저씨가 백범 김구라고?

어진이는 아저씨 얼굴을 뚫어져라 쳐다보았다. 그러자 책에서 봤던 백범 김구의 사진이 점점 떠올랐다. 짧은 머리, 동그란 안경, 뭉툭한 코, 커다란 입, 웃을 때 드러나는 가지런한 치아. 맞다, 사진에서 봤던 바로 그 백범 김구였다. 그렇다면 정말 여기가 대한민국 임시 정부 청사이고, 이 아저씨가 백범 김구가 맞단 말인가? 어떻게 이런 일이 있지? 난 분명 2015년에 살고 있었는데.

어진이와 김구 아저씨는 서로 얼굴을 마주본 채 어떻게 해서 이런 일이 일어났는지 생각해 보았다. 하지만 어진이도 김구 아저씨도 어떻게 된 일인지 제대로 설명할 수 없었다. 한참 생각하던 김구 아저씨가 경쾌한 목소리로 말했다.

"정말 이해할 수 없는 일이지만 어찌 됐든 지금은 1931년이고 여긴 상하이에 있는 대한민국 임시 정부 청사가 틀림없다. 네가 들어온 저 문은 위험할 때 숨는 비밀 공간이라 나밖에 모르는 곳이다. 그런데 네가 저 문으로 들어왔다는 건 아무래도 저 문이 네가 사는 미래로 연결되는 통로인 모양이다."

어진이와 김구 아저씨는 동시에 옷장으로 가려진 비밀문 쪽을 쳐다보았다. 믿을 수 없었지만 어진이가 시간과 공간을 건너뛰어 1930년대 상하이 대한민국 임시 정부로 돌아간 것은 사실이었다.

김구 아저씨는 참 신기한 일도 다 있다면서 손을 반갑게 내밀었다. 어진이는 망설이다 그 손을 잡았다. 김구 아저씨가 어진이의 손을 잡고 위아래로 마구 흔들었다. 그러더니 뭔가 생각난 듯이 물었다.

"참, 아까 너 운동화를 훔쳐서 도망친 거라고 했지?"

어진이는 귀밑이 빨개져서 겨우 고개를 끄덕였다.

"나도 어렸을 때 아버지 돈을 훔친 적이 있었다."

"네?"

어진이는 깜짝 놀라 김구 아저씨를 빤히 쳐다보았다. 백범 김구가 누군가? 일제가 우리나라의 주권을 강탈했을 때 독립운동을 하다 감옥에 갔다 오고, 중국 상하이에서 대한민국 임시 정부를 세워 주석으로 계셨던 분이 아닌가. 그런 분이 아버지의 돈을 훔친 적이 있었다니. 어진이는 침을 꼴깍 삼키며 김구 아저씨의 말에 귀를 기울였다.

"어렸을 때 난 소문난 말썽꾸러기였지. 집에 있는 멀쩡한 숟가락을 부러뜨려서 엿을 바꿔 먹기도 하고, 떡 사 먹으려고 아버지 돈을 훔치기도 했단다."

"그래서 어떻게 됐어요?"

"아버지한테 걸려서 떡은 못 사 먹고 기둥에 묶인 채 죽도록 맞았지 뭐. 하하하."

아, 어진이는 또다시 귀밑이 빨개졌다. 그런 일은 차라리 애교에 속한다. 어진이는 돈이나 물건을 습관처럼 훔쳤다. 엄마 지갑에서 돈을 훔치다 들켜서 아빠한테 무지막지하게 맞고도 계속 훔쳤다. 그때마다 맞았지만 훔치는 버릇은 고쳐지지 않았다. 오늘은 운동화 매장에서 값비싼 운동화를 훔쳤다. 그건 엄마 지갑에서 돈을 훔치는 것과는 차원이 다르다. 범죄 행위이고 잡히면 감옥에 가야 한다. 하지만 훔칠 때는 그런 생각을 할 겨를이 없었다. 그냥 그 운동화를 갖고 싶은 마음뿐이었다.

"그때의 내 얼굴이 지금 네 얼굴 같았을 거다."

어진이는 손으로 자기의 얼굴을 만져보며 물었다.

"제 얼굴이 어떤데요?"

"도둑놈의 얼굴. 눈빛은 불안하게 흔들리고 표정은 어둡지. 세상 모든 사람이 다 너를 잡으러 올 것 같아서 조마조마하고 어디 한 군데 마음 둘 곳이 없어서 쓸쓸하고. 그래서 화가 나 있고. 아니냐?"

어진이는 심장이 바늘로 찔린 것처럼 뜨끔했다. 늘 그랬다. 처음 도둑질을 들킨 뒤 아빠 엄마는 돈이 없어지면 어진이부터 의심했다. 담임 선생님도 그랬다. 누가 돈이 없어졌다고 하면 어진이부터 의심했다. 그 뒤로 늘 불안했다. 훔치지도 않았는데 불안했고 훔치면 차라리 마음이 편했다.

김구 아저씨가 말했다.

"내가 어떻게 도둑질을 그만뒀는지 알려 주랴?"

어진이는 귀가 번쩍 뜨였다.

김구 아저씨가 흰 이를 활짝 드러내며 웃었다.

"공부를 했다."

아, 또 공부 얘기다. 공부라면 정말 지긋지긋하다. 엄마도 학원 선생님도 담임 선생님도 늘 공부를 하라고 다그쳤다. 하지만 어진이는 공부에 취미가 없었다.

심드렁한 어진이의 표정을 본 김구 아저씨가 고개를 끄덕이며 말했다.

"안다, 공부 싫어하는 그 마음. 내가 말하는 공부는 국어, 산수 같은 학교 공부가 아니야. 내가 했던 공부는 철학 공부였지."

"철학이라고요?"

"그래, 철학. 너 철학이 뭐라고 생각하니?"

집 근처에서 '꽃녀 철학관'이라는 간판을 본 적이 있었다. 그 앞을 지날 때마다 철학관이 뭐하는 곳인지 늘 궁금했다. 울긋불긋한 천조각들이 걸려 있고 한복을 입은 무섭게 생긴 할머니가 앉아 있는 것을 얼핏 본 적은 있었다.

"뭔데요?"

"철학은 말이다, 간단하게 말하면 어떤 일에 올바른 판단을 내릴 수 있는 자기 자신의 생각이다."

어진이는 김구 아저씨의 말을 곰곰이 생각했다. 어떤 일에 올바른 판단을 내릴 수 있는 자기 자신의 생각이라고? 그게 무슨 말이지?

어진이는 고개를 갸우뚱거렸다.

"예를 들어, 네가 오늘 운동화 매장에서 운동화를 신어 보고 나서 갖고 싶다는 생각을 했지?"

어진이는 기어들어가는 목소리로 간신히 대답했다.

"네."

"그때 아마 네 마음속에는 이런 마음이 있었을 거야. 이 운동화를 훔칠까?"

어진이는 또다시 심장을 바늘로 콕 찌른 것처럼 따가웠다.

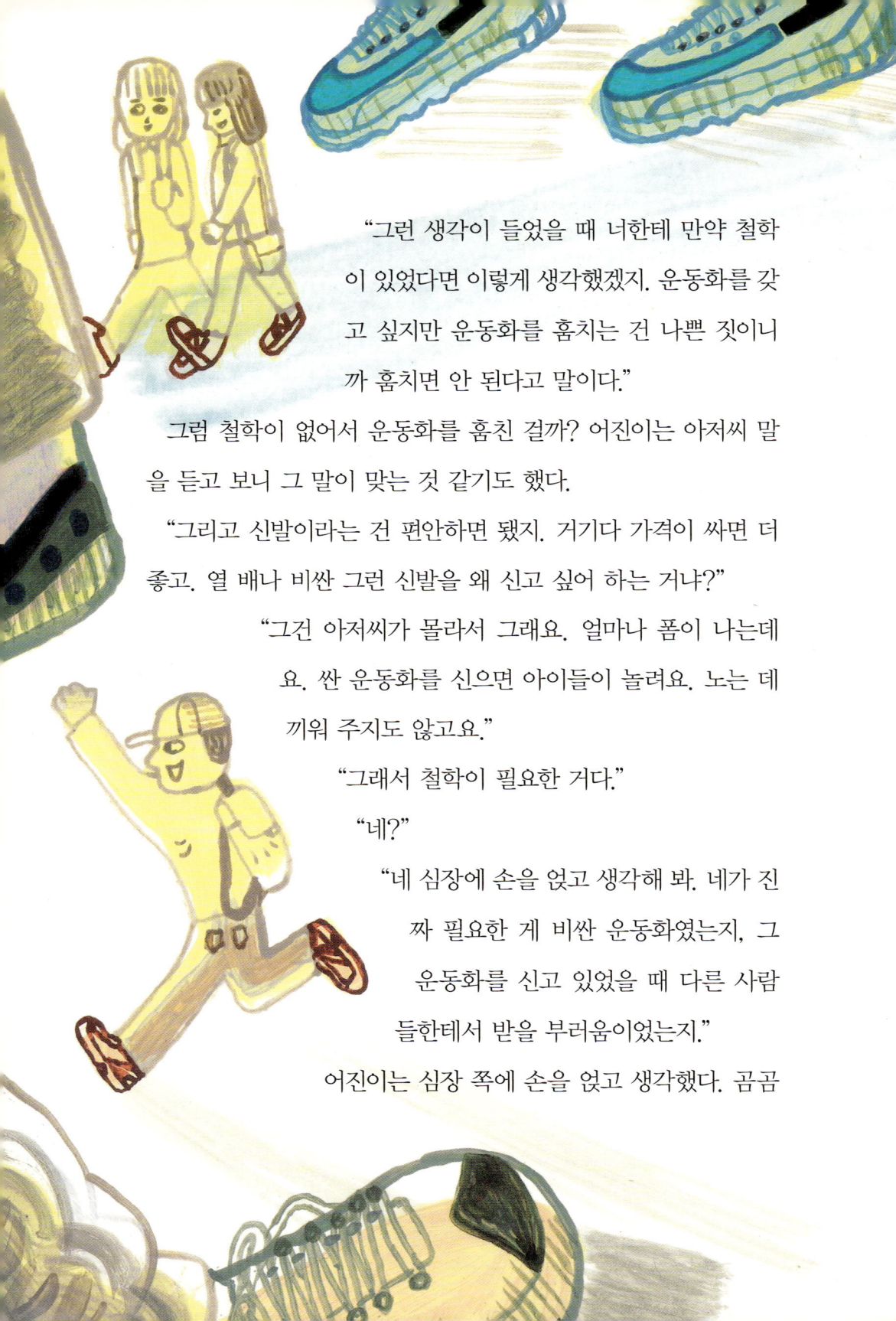

"그런 생각이 들었을 때 너한테 만약 철학이 있었다면 이렇게 생각했겠지. 운동화를 갖고 싶지만 운동화를 훔치는 건 나쁜 짓이니까 훔치면 안 된다고 말이다."

그럼 철학이 없어서 운동화를 훔친 걸까? 어진이는 아저씨 말을 듣고 보니 그 말이 맞는 것 같기도 했다.

"그리고 신발이라는 건 편안하면 됐지. 거기다 가격이 싸면 더 좋고. 열 배나 비싼 그런 신발을 왜 신고 싶어 하는 거냐?"

"그건 아저씨가 몰라서 그래요. 얼마나 폼이 나는데요. 싼 운동화를 신으면 아이들이 놀려요. 노는 데 끼워 주지도 않고요."

"그래서 철학이 필요한 거다."

"네?"

"네 심장에 손을 얹고 생각해 봐. 네가 진짜 필요한 게 비싼 운동화였는지, 그 운동화를 신고 있었을 때 다른 사람들한테서 받을 부러움이었는지."

어진이는 심장 쪽에 손을 얹고 생각했다. 곰곰

이 생각해 보니 아이들한테 기죽기 싫고 또 부러움을 받기 위해 신고 싶다는 생각이 더 강했던 것 같다. 따지고 보면 시장에서 산 신발도 편하게 오래 신었다.

김구 아저씨가 말했다.

"만약 남들한테 뽐내고 싶어서 그 운동화를 갖고 싶은 거라면 그거야 말로 철학이 없는 빈 깡통이라는 거다."

빈 깡통이라는 말에 어진이는 은근히 기분이 나빴다. 하지만 생각해 보면 김구 아저씨 말이 틀린 것도 아니었다.

"비싼 운동화를 신은 아이들이 끼리끼리만 논다면 그 아이들도 철학이 없는 거고, 그런 걸 부모가 부추긴다면 부모도 철학이 없는 빈깡통들인 거지."

그 말에 어진이는 마음이 조금 통쾌해졌다.

김구 아저씨가 계속 말했다.

"결국 어디에 자신의 생각을 두느냐에 따라서 삶의 방향이 정해지는 거다. 네가 비싼 운동화와 그것을 신었을 때, 남들에게 받는 시선에 생각을 뒀기 때문에 넌 운동화를 훔칠 수밖에 없었던 거야. 그래서 이렇게 쫓기는 신세가 된 거고. 만약 네가 제대로 된 철학을 갖게 된다면 값싼 운동화를 신고도 당당할 수 있을 것이다. 이렇게 불안하고 초조하게 쫓길 일도 없고 말이야."

어진이는 김구 아저씨 말이 맞다고 생각했다.

"난 이렇게 낡은 옷을 입고 있지만 한 번도 부끄러웠던 적이 없었다. 중요한 건 껍데기가 아니라 알맹이지."

어진이는 어느새 고개를 끄덕이고 있었다. 낡고 촌스러운 옷을 입고 있었지만 김구 아저씨는 정말 당당해 보였다.

김구 아저씨가 계속 말했다.

"네가 가진 너만의 철학이 네 장래를 결정하게 될 거야. 만약 네가 지금 철학이 없다면 넌 평생 도둑질을 할 거고 나중에는 진짜 큰 도둑이 될 거야."

진짜 큰 도둑이 될 거라는 말을 듣고 어진이는 온몸에 소름이 쫙 돋았다. 짧은 순간 수많은 생각이 스치고 지나갔다. 뉴스에서 본 고개를 푹 숙이고 있던 범죄자가 떠올랐다. 그 사람이 고개를 들자 어른이 된 자신의 얼굴이 보였다.

"안 돼요!"

어진이는 자기도 모르게 몸을 부르르 떨며 비명을 질렀다.

김구 아저씨가 고개를 끄덕였다.

"암. 안 되고말고. 한번 태어난 인생인데 평생을 감옥에서 썩어서야 되겠느냐?"

어진이는 풀이 죽어 고개를 푹 숙인 채 자신의 발을 내려다보았다. 상처가 난 오른쪽 발바닥이 욱씬욱씬 쑤셨다.

"그래서 철학 공부를 제대로 해야 한다는 거다."

어진이는 자신 없는 목소리로 물었다.

"그럼 철학은 어떻게 공부해야 하는 건데요?"

"이 세상에는 제대로 사는 게 어떤 건지 고민한 사상가나 철학자들 혹은 문학가들이 많다. 그런 사람들이 쓴 책들을 찾아 읽으면 된다. 넌 아직 어렵겠지만 네가 사는 시대에는 어린이도 쉽게 이해할 수 있도록 풀어쓴 책도 있을 거 아니냐. 그런 책들을 읽으면 돼. 철학은 누가 가르쳐 주는 게 아니라 자기 스스로가 깨달아 가는 거다. 나는 어떻게 살 것인가, 어떤 생각을 갖고 살 것인가, 무엇이 옳고 그른 것인가, 그런 생각들을 스스로 깨닫는 거야."

어진이는 고개를 저었다.

"너무 어려워요."

"어려울 거 하나도 없다. 생각을 많이 해야 돼. 그리고 일단 너는 책 읽는 근육부터 키워야겠다."

"책 읽는 근육이라고요?"

"그래. 우리가 운동을 열심히 하면 몸에 근육이 붙듯 책도 열심히 읽으면 책근육이 붙지. 그럼 그다음부터는 책 읽기가 아주 쉬워. 책근육이 붙게 하려면 힘들어도 일단 읽어야 해. 책근육이 붙기만 하면 그때부턴 힘들지 않을 거야."

지금까지 어느 누구도 어진이에게 이렇게 말해 주는 사람이 없었다. 어른들은 야단을 치고 공부하라는 말만 했을 뿐 왜 책을 읽어야 하는지, 왜 공부를 해야 하는지, 어떤 공부를 해야 하는지는 말해 주지 않았다.

"한 나라가 잘 되려면 **국민 한 사람 한 사람에게 기초가 되는 철학이 반드시 있어야 한다.** 국민 모두가 자신만의 철학이 있다면 그런 국민이 모인 나라는 나라 전체의 철학이 생기겠지? 그런 수준 높은 국민이 사는 나라는 남의 사상이나 정신에 의지하지 않을 거야. 또 같은 국민끼리 싸우는 추한 모습도 보이지 않는 아주 강하고 좋은 나라가 될 거다. 난 우리나라가 그런 나라가 되길 간절히 소망하고 또 소망한단다."

그때 문이 열리고 어떤 젊은 남자가 뛰어들어 왔다. 김구 아저씨가 자리에서 벌떡 일어났다. 젊은 남자는 김구 아저씨에게 오더니 귓속말을 했다. 그러자 김구 아저씨가 어진이에게 말했다.

"내가 급히 나가 봐야겠구나."

어진이는 어떻게 해야 좋을지 몰라 당황했다. 김구 아저씨는 비밀문 앞을 가로막고 있던 옷장을 치우고 말했다.

"넌 저 문을 열고 왔던 곳으로 돌아가라."

"아저씨."

어진이는 쉽게 발이 떨어지지 않았다. 김구 아저씨는 어진이의 어깨를 토닥토닥 두드리며 처음보다 훨씬 부드럽고 따뜻한 목소리로 말했다.

"오늘 일을 곰곰이 생각해 보고 네가 어떻게 해야 할지 판단해 봐라. 다음에 또 와서, 어떻게 했는지 알려 주면 고맙겠다."

"정말 또 와도 돼요?"

"얼마든지."

어진이는 김구 아저씨에게 인사를 한 뒤 비밀문 안으로 들어갔다. 문이 닫히자 눈앞에 층계가 나타났다. 어진이는 층계를 올라가 대문을 열고 나갔다. 밖에는 운동화 매장 점원 형도 경찰도 보이지 않았다.

큰길로 나와서 걸으며 어진이는 비로소 자신이 신발을 안 신고 있다는 사실을 깨달았다. 김구 아저씨가 준 낡은 양말만 신은 채 터덜터덜 걷고 있었다. 사람들이 그런 어진이를 힐끔힐끔 쳐다보았다.

큰길 맞은편에 운동화 매장이 보였다. 운동화 매장에는 화려한 조명이 켜져 있었고, 윈도우에 진열돼 있는 운동화들은 별처럼 반짝이는 빛을 내뿜고 있었다.

어진이는 자신의 발을 내려다보았다. 양말만 신고 있는 발이 부끄러웠다.

'어떤 일에 올바른 판단을 내릴 수 있는 자기 자신의 생각이 철학이라고 했어.'

횡단보도의 빨간 불이 파란 불로 바뀌었다. 어진이는 횡단보도를 건너 곧장 운동화 매장으로 걸어갔다.

어진이가 운동화 매장에 들어갔을 때 점원 누나와 형들은 깜짝 놀랐다. 한 형은 경찰을 부르겠다고 화가 난 얼굴로 말했다.

어진이는 무릎을 꿇고 잘못했다고 빌었다. 마음이 누그러진 점원 누나가 왜 다시 왔느냐고 물었다.

어진이는 떨리는 목소리로 말했다.

"제가 잘못했다는 걸 알았으니까요. 죄송합니다."

점원 누나와 형들도 더는 뭐라고 하지 않았다. 대신 다시는 물건을 훔치지 않겠다고 손가락을 걸고 약속하자고 했다. 어진이는 점원 누나와 형들 모두하고 약속을 했다.

한 형이 어진이와 약속을 하고 손가락 도장까지 찍고서 말했다.

"따라해 봐. 앞으로 절대로 어떤 것도 훔치지 않겠습니다!"

어진이는 기어들어가는 목소리로 따라했다.

"앞으로 절대로 어떤 것도 훔치지 않겠습니다."

점원 누나가 창고 안에 들어가 어진이의 낡은 운동화를 가져왔다. 어진이는 그 운동화를 신었다. 에어맥스 운동화를 신었을 때보다 발이 더 편했다.

집으로 가는 발걸음이 이렇게 가벼웠던 적은 없었다. 싸구려 운동화가 처음으로 좋아졌다. 신발은 발이 편하면 그만이고 가격이 싸면 더 좋다는 김구 아저씨 말이 떠올랐다. 얼핏 봤던 김구 아저씨의 낡은 구두도 생각났다.

집으로 왔을 때 언제나처럼 집은 텅 비어 있었다. 식당을 하고 있는 부모님은 언제나 밤늦게 들어왔다. 어진이는 저녁밥을 먹지 않고 방으로 들어가 침대에 벌렁 누웠다.

　오늘은 편안하게 잠들 수 있을 것 같았다.

대한민국 임시 정부의 편지
• 말보다 실천이 중요하다 •

"양어진, 너 어제 또 사고 쳤니?"

아침 밥상에서 엄마가 잔뜩 찡그린 얼굴로 물었다. 아빠는 묵묵히 거실에 있는 텔레비전을 보며 밥을 먹고 있었다. 아침 뉴스에서는 청소년들의 탈선 문제를 특집으로 다루고 있었다. 얼굴이 모자이크 처리된 학생들이 어른들을 욕하는 내용의 인터뷰가 흘러나왔다. 말은 대부분 '삐' 처리가 돼서 도대체 어떤 말을 하는지 제대로 알아들을 수가 없었다.

어진이는 어제 운동화를 훔친 일로 속이 뜨끔했지만 천연덕스러운 얼굴로 물었다.

"왜?"

아빠는 뉴스에 나오는 학생들을 보며 혼잣말을 했다.

"저런, 저런. 저건 다 부모 탓이야. 부모가 잘못 가르쳐서 저렇게 삐뚤어진 거라고."

엄마가 말했다.

"어제 담임 선생님한테서 전화 왔었어. 올해 들어서 벌써 다섯 번째야. 도대체 커서 뭐가 되려고 그렇게 말썽만 피우고 다니는 거니, 응?"

커서 뭐라고 되려고? 모르겠다, 내가 커서 뭐가 될지. 지금도 사는 게 이렇게 힘든데 나중에 커서 뭐가 될지는 관심도 없다.

어진이는 묵묵히 밥을 먹었다. 어제 엄마가 식당에서 가져온 반찬들이다. 무말랭이 무침, 멸치 볶음, 깻잎 장아찌, 김치. 이제 이 반찬은 보기만 해도 신물이 난다. 날마다 똑같은 반찬이다. 엄마가 집에서 새로 만들어 준 반찬을 먹어 본 적이 언제였는지 기억도 나지 않는다.

그제야 아빠가 어진이를 힐끔 쳐다보며 물었다.

"또 무슨 사고를 쳤는데?"

"학교에도 자주 빠지질 않나, 툭하면 친구를 때리질 않나, 숙제를 제대로 해 가나, 선생님한테 대들질 않나, 물건을 훔······. 아,

이건 됐고. 암튼 아주 사고도 골고루 쳐요. 어젠 한 시간이나 지각했다며? 왜 그랬는데?"

어른들은 정말 이상하다. 혼낼 일이 있으면 이미 혼난 지난 일까지 다 들춰내서 또 혼낸다. 한 얘기 또 하고, 한 얘기 또 하고, 이젠 귀에 못이 박힐 지경이다.

어제 아침에는 운동화 매장에서 에어맥스 운동화를 보느라 늦었는데 담임 선생님이 엄마한테 전화를 한 모양이었다. 하지만 오후에 김구 아저씨를 만나 잘못을 인정하고 매장에 가서 사과를 했다. 그걸로 끝난 줄 알았다.

아빠가 눈을 부릅떴다.

"뭐! 또 지각을 했어? 너 바른대로 말해 어디서 뭐 하다 학교 늦게 간 거야?"

어진이는 가슴이 철렁 내려앉았다. 아빠가 눈을 부릅뜬다는 건 때리거나 벌을 세우겠다는 뜻이기도 했다.

"잘못했어요."

"그렇게 말한 게 벌써 몇 번째야. 넌 항상 그런 식이지? 말로만 잘못했다, 잘못했다. 그리고 또 그래. 말로 해서는 절대 안 들어. 일어나."

또 시작이었다.

어진이는 담담한 얼굴로 일어났다. 아빠는 언제나 아침에 혼낸다. 밤에는 가게 일이 끝나고 늦게 들어오기 때문에 혼낼 시간이 없다. 엄마는 아주 단단히 혼을 내주라는 듯 팔짱을 끼고 화가 난 얼굴로 어진이를 노려보았다.

"저기 가서 손 들고 있어."

아빠가 화장실 옆 벽을 가리켰다. 언제나 벌을 서는 곳이다. 어진이는 자동 인형처럼 똑바로 걸어가 벽에 등을 기대고 서서 양 팔을 들었다.

"다시는 지각을 하지 않겠습니다, 백 번 한다. 시작!"

어진이는 녹음기처럼 말하기 시작했다.

"다시는 지각을 하지 않겠습니다, 하나. 다시는 지각을 하지 않겠습니다, 둘. 다시는 지각을 하지 않겠습니다, 셋. 다시는 지각을 하지 않겠습니다, 넷……."

팔이 끊어질 듯 아팠지만 참았다. 팔을 내리면 매를 맞는다. 매를 맞는 것보다는 차라리 팔이 끊어지더라도 들고 있는 편이 나았다.

그동안 엄마는 설거지를 하고 아빠는 소파에 앉아 텔레비전을 계속 보았다.

"다시는 지각을 하지 않겠습니다, 스물일곱. 다시는 지각을 하지 않겠습니다, 스물여덟. 다시는 지각을 하지 않겠습니다, 스물 아홉……."

지금까지 어진이는 수없이 같은 말을 되풀이했다.

장난을 치지 않겠습니다, 물건을 훔치지 않겠습니다, 게임을 하지 않겠습니다, 친구를 때리지 않겠습니다, 피시방에 가지 않겠습니다, 공부를 열심히 하겠습니다, 숙제를 잘하겠습니다, 엄마 아빠 선생님 말씀을 잘 듣겠습니다, 착한 아이가 되겠습니다…….

그동안 반성문도 많이 쓰고 직접 말로도 많은 다짐을 했다. 하지만 결국 하지 않겠다는 것들을 여전히 하고, 해야 할 것들을 하지 않았다. 그때그때 말 뿐이었다. '하지 않겠다.'는 말을 지킨 적이 한 번도 없었다. 물론 '잘하겠다.'는 말도 지킨 적이 없었지만…….

오늘은 학교에 늦지 않았다. 학교로 가면서 어진이는 어제 김구 아저씨의 말을 떠올렸다. 사람은 철학을 가져야 하고, 철학을 가지려면 책을 많이 읽어야 한다는 그 말. 책근육을 키우기 위해서는 책 읽는 습관을 길러야 한다는 말을 떠올리며 교실에 들어가자마자 교실 뒤에 있는 학급 문고로 갔다.

학급 문고에는 책들이 뒤죽박죽 꽂혀 있었다. 책을 훑어보던 어진이는 그중에서 아무 책이나 빼들었다. 우리나라 역사에 대한 책이었다.

책상으로 와서 책을 펼쳤지만 첫 장도 제대로 읽을 수가 없었다. 안 읽던 책을 읽으려니 머리가 지끈지끈했다. 어진이는 만화가 아닌 책은 거의 읽어 본 적이 없었다.

글씨를 읽을수록 졸리고 짜증이 났다.

"책근육을 키우기 위해서는 힘들어도 참고 견디며 읽어야 돼. 일단 책근육이 생기면 그땐 힘들지 않을 거야."

어제 김구 아저씨가 했던 말이 계속 생각났다. 역시 근육을 키우는 건 쉬운 일이 아니었다.

수업 시작 종이 울리면서 교실 안은 한바탕 난리가 났다. 이리저리 뛰어다니던 아이들이 자기 자리로 다이빙을 하듯 달려가 앉았다.

우당당탕.

어진이 뒷자리에 앉아 있는 일영이가 자기 자리로 가려다가 통로에서 곤두박질쳤다. 그 소리가 어찌나 컸는지 아이들이 일제히 어진이 쪽을 보았다.

일영이는 어진이 바로 옆 통로에 엎어진 채 일어나지 못했다. 그때 마침 담임 선생님이 교실 문을 열고 들어왔다.

"으앙!"

일영이가 엎어진 채로 울음을 터트렸다. 자리에 앉아 있던 여자아이들이 비명을 질렀다.

"으악! 피다."

교실 바닥에 피가 흥건했다. 선생님이 달려와 일영이를 일으켰다. 일영이의 얼굴은 피범벅이 되어 있었다. 여자 아이들은 피를 보자 비명을 질러 댔고, 남자아이들은 신나는 구경거리라도 생긴 양 일영이 주위를 둘러쌌다.

피를 보고 더 서럽게 울던 일영이가 갑자기 어진이를 가리켰다.

"쟤가 발을 걸었어요."

아이들이 일제히 어진이를 보았다. 어진이는 깜짝 놀라 눈을 동그랗게 떴다. 선생님이 어진이를 노려보았다.

"양어진, 너 또!"

어진이는 고개를 절래절래 흔들었다. 어이가 없어서 말도 나오지 않았다. 절대로 일영이의 발을 걸지 않았다고 말하려고 했는데 선생님은 기회조차 주지 않았다. 그저 병원 구급차를 부르고 울고 있는 일영이를 달래느라 정신이 없었다.

결국 일영이는 구급차에 실려 병원으로 갔다. 아이들은 일영이 코뼈가 부러졌다고 수근거렸다. 일영이가 병원에 실려간 뒤 마룻

바닥에 묻은 피를 닦고 나자 첫째 시간이 끝나가고 있었다.

선생님이 어진이에게 말했다.

"양어진, 넌 수업 끝나면 상담실로 와."

어진이는 정말 억울했다. 평소에 일영이를 못살게 굴었던 건 사실이다. 때린 적도 몇 번 있었다. 하지만 오늘은 아무 짓도 안 했다. 억지로 책을 읽고 있었을 뿐이다. 어진이는 수업 시간 내내 억울하고 답답해서 미칠 것 같았다.

1학년 때 생각이 났다.

어진이도 처음부터 문제아는 아니었다. 초등학교 1학년에 입학했을 때 어진이는 착한 아이였다. 선생님을 도와주려고 화분을 옮기다가 깼는데 상황을 오해한 선생님에게 야단을 맞았다. 또, 교실에서 주운 반 아이의 물건을 돌려주려다가 오히려 도둑으로 몰리고 말았다. 그때부터 모든 게 꼬이기 시작했다.

그런 일은 계속 일어났다.

분명히 숙제를 하고 공책을 안 가져갔는데 선생님은 숙제를 안 해놓고 거짓말을 한다면서 혼냈다. 그 뒤부터 어진이는 숙제를 아예 하지 않는 아이가 되어 버리고 말았다. 지각을 밥 먹듯이 하게 된 것도 이유가 있었다. 처음 지각은 엄마가 식당일을 하고 늦게 와서 늦잠을 자는 바람에 깨워 주지 못해서 그런 거였다. 하지만 그런 일이 두세 번쯤 일어나자 선생님은 어디서 놀다 늦게 온 거라면서 어진이 말을 믿지 않았다. 그래서 나중에는 아예 놀다 학교에 늦게 가 버렸다.

아빠 엄마는 어진이가 사고를 칠 때마다 혼냈다. 물건을 훔치는 것이 습관이 되는 것처럼 야단을 맞는 것도 습관이 돼서 나중에는 아무렇지도 않았다. 그러다 보니 어떻게 되든 상관없다는 생각이 들었다. 하지만 어제 김구 아저씨를 만나고 생각이 조금 달라졌었다. 간신히 마음을 잡았는데 오늘 또 이 모양이 되고 말았다.

어진이는 어깨를 축 늘어뜨린 채 상담실로 갔다.

  담임 선생님은 어진이 말을 믿지 않았다. 발을 건 게 아니라 그냥 얌전히 앉아서 책을 읽었다고 아무리 말해도 소용없었다.
"네가 책을 읽었다고? 그걸 나더러 믿으란 말이니?"
선생님은 도저히 못 믿겠다는 얼굴로 어진이를 노려보았다.
"난 일영이 말은 믿어도 네 말은 못 믿어. 일영이가 저렇게 됐는데 사과는 못할 망정 이제 어떡할 거야, 응?"
'그걸 내가 어떻게 알아요, 난 정말 아무 짓도 안 했단 말이에요.'
어진이는 속으로는 그렇게 부르짖었지만 입 밖으로는 아무 말도 나오지 않았다.
어진이는 둘째 시간 내내 교실 뒤쪽에서 벌을 섰다. 아침에도 벌을 서고 나왔는데 학교에 와서도 또 벌이다. 선생님은 이미 엄마한테 연락했을 거다. 그러면 또 난리가 나겠지. 이번에는 일영이 코뼈가 부러졌으니 그냥 넘어가지는 않을 거다. 아마 경찰서에 끌려갈지도 모르겠다. 아, 나는 왜 이렇게 재수가 없지?
어진이는 점심시간에 밥도 먹지 않고 책상에 엎드려 잠들었다. 잠을 자다 악몽을 꿨다. 자세한 건 기억나지 않지만 꿈속에서 한참 도망을 다녔고 나중에는 울었던 기억만 났다.

수업이 모두 끝나고 교문을 나섰다. 담임 선생님은 엄마한테 연락을 했다면서 내일 엄마를 모시고 오라고 했다. 이미 연락을 했다면서 왜 모시고 오라는지 이해할 수 없었다.

학교를 나왔지만 집에는 도저히 가고 싶지 않았다. 어쩌면 화가 난 아빠 엄마가 식당문을 닫고 집에 와서 "오기만 해 봐라. 가만 안 둘 테니까." 하고 벼르고 있을지도 모른다.

이대로 그냥 사라져 버릴까? 가출해 버릴까?

집 반대 방향으로 걸어가며 어진이는 어딘가로 달아나는 상상을 했다. 하지만 어디로 가지, 이 나이에 어떻게 살지?

발길은 어느덧 어제 그 빈집 앞에서 멈췄다. 낯익은 대문을 보고 어진이는 깜짝 놀랐다. 여기로 오려고 했던 건 아니었는데 정신을 차리고 보니 어제 김구 아저씨를 만났던 그 비밀 통로가 있던 집 앞이었다.

어진이는 대문을 밀어 보았다. 쇳소리를 내며 대문이 열렸다. 안으로 들어가 지하실로 향하는 층계를 내려갔다. 정말 저 문 안쪽에 김구 아저씨가 있는 사무실이 있을까? 어제는 꿈을 꾼 게 아니었을까? 층계를 내려가면서도 계속 그런 의문이 들었다.

층계를 다 내려가 문을 밀어 보았다. 문은 어제보다 더 쉽게 열렸고 어제 만큼 틈이 벌어졌다. 어진이는 겨우 문을 밀고 안으로 들어갔다.

어제 그 일은 꿈이 아니었다. 어제 봤던 그 사무실이었다. 다른 게 있다면 오늘은 사무실 안에 사람들이 많고 다들 정신없이 왔다 갔다 하고 있었다. 어떤 남자는 수화기에 대고 소리를 꽥꽥 지르고 있었고, 어떤 남자는 서류를 옮기고 있었다. 그 와중에 김구 아저씨는 책상에 앉아 뭔가를 열심히 쓰고 있었다.

어진이는 어쩔 줄 몰라 쭈뼛거리며 서 있었다. 그때 김구 아저씨가 고개를 들고 어진이를 봤다.

"오, 어진이구나. 마침 잘 왔다. 이리 좀 와 봐라."

어진이는 김구 아저씨 옆으로 달려갔다. 김구 아저씨는 수북히 쌓인 편지지에 편지를 쓰고 있었는데 한쪽에는 주소가 적힌 빈 봉투도 수북히 쌓여 있었다.

"이 편지를 순서대로 편지 봉투에 넣어 줄래?"

"네? 아, 네."

"고맙다."

김구 아저씨는 부지런히 편지를 썼다. 한자가 대부분이라 무슨 내용인지 제대로 읽을 수가 없었다. 어진이는 편지지를 접어 봉투에 넣었다. 편지 봉투에 적힌 주소는 모두 영어로 씌어 있었는데

맨 아래에 USA라고 쓴 걸 보니 미국으로 보내는 편지 같았다. 가끔씩 멕시코나 하와이 같은 나라도 눈에 띄었다.

김구 아저씨는 꼼짝도 하지 않고 앉아 수백 통이 넘는 편지를 일일이 손으로 썼다. 어진이는 그 옆에 앉아 김구 아저씨가 편지를 쓰는 대로 편지 봉투에 넣었다. 이윽고 마지막 한 장 남은 편지를 다 썼을 때, 김구 아저씨는 시계를

보며 다급하게 말했다.

"아, 우체국 문 닫을 시간이 다 됐구나. 어진아, 부탁 하나만 들어줄래?"

"네?"

"밖에 나가면 길 건너에 우체국이 있다. 이 편지들을 우체국에 가서 부쳐 줘."

어진이는 덜컥 겁이 났다. 지금 밖으로 나가서 우체국까지 갔다 오라고? 여기는 1930년대 중국이다. 밖에 나가서 어떤 일이 벌어질지 모른다. 어진이가 겁에 질린 얼굴로 대답을 못 하고 있자 김구 아저씨가 어진이 어깨를 툭툭 두드리며 말했다.

"나가서 곧장 길 하나만 건너면 우체국이 있어. 지금 밖에는 왜놈들이 쫙 깔려 있어서 우리 동지들이 나가면 위험할지도 몰라. 이건 우리 대한민국을 위해 아주 중요한 편지니까 왜놈들한테 들키면 절대로 안 된다."

"하지만 저……."

어진이는 창밖을 내다보았다. 온통 낯선 거리, 낯선 사람들 속에 군복을 입고 칼을 차고 다니는 일본군들의 모습이 간간이 눈에 띄었다.

김구 아저씨가 편지가 가득 들어 있는 봉투를 어진이 가슴에 안겨 주며 말했다.

"넌 할 수 있어. 너한테 대한민국 임시 정부의 운명이 걸려 있다고도 할 수 있다. 자, 가라."

어진이는 얼떨결에 비밀 통로와 반대로 나 있는 문밖으로 나와 층계를 내려간 뒤 거리로 나왔다.

사람이 끄는 인력거와 도로를 가로지르는 전차와 낯선 복장의 사람들이 바쁘게 걸어다니는 거리, 채소나 과일이 든 바구니를 지고 다니며 중국어로 뭐라고 외치는 장사꾼들. 어진이는 그 사이를 겁에 잔뜩 질린 채 걸어갔다. 금방이라도 일본군에게 잡혀갈 것 같은 두려움에 온몸이 떨렸다.

도로에서 몇 번이나 길을 건너려고 했지만 겁이 나서 발이 떨어지지 않았다. 가슴에는 편지가 든 봉투를 꼭 껴안은 채 사방을 두리번거렸다.

'이 편지에 대한민국 임시 정부의 운명이 걸려 있다고 했어. 도대체 이 편지의 내용이 뭘까?'

그때 저쪽에서 일본군 순사 두 명이 다가오고 있었다. 어진이는 가슴이 철렁 내려앉았다. 다리가 덜덜 떨려서 금방이라도 그 자리에 주저앉을 것만 같았다.

순사들은 의심이 가득한 눈빛으로 곧바로 어진이를 향해 걸어왔다. 그중 한 명이 어진이에게 일본말로 물었다. 하나도 알아들을 수가 없었다. 그러자 다른 한 명이 어진이에게 다가와 한국말로 물었다.

"너 조센진이지?"

어진이는 아무 말도 하지 못했다. 다른 한 명이 어진이가 꼭 안고 있는 노란 봉투를 가리키며 말했다.

"수상하다, 그게 뭐냐?"

아, 이대로 끝나는 건가?

어진이는 마른 침을 꼴깍 삼켰다. 어진이가 우물쭈물하고 서 있는데 순사들이 옆으로 와서 어진이의 양쪽 팔을 잡으려고 했다.

"안 되겠다. 이 조센진을 경찰서로 끌고 가야겠다."

바로 그 순간, 어진이는 순사들을 밀치고 거리를 냅다 달리기 시작했다. 순사들은 놀라서 어진이를 쫓아왔다.

"꼼짝 마라, 이 조센진!"

어진이는 미친 듯이 달렸다. 잡히면 끝장이다. 어디로 도망가야 할지 몰랐지만 적어도 김구 아저씨가 있는 임시 청사는 아니었다.

임시 청사 반대편으로 달아나기 시작했다.
　어진이는 빛처럼 빠른 속도로 달렸다. 사람들 틈 사이로 달려오는 전차와 인력거를 피해 달렸다. 비좁고 냄새 나는 골목길도 달렸다.
　바로 며칠 전에도 어진이는 오늘처럼 정신없이 달렸다. 그때는 운동화를 훔쳐서 도망가느라고 달렸다. 하지만 오늘은 다르다. 나라를 구하기 위해 달리는 것이다. 그날처럼 똑같이 누군가에게 쫓기지만 그때와는 기분이 전혀 달랐다.

그때는 달리면서 운동화를 벗어 던졌는데 지금은 편지를 가슴에 꼭 안고 있었다.

'절대 잡히면 안 돼. 이 편지는 나라를 구하는 편지라고 했어.'

순사들이 호루라기를 불며 쫓아왔다.

"저놈 잡아라!"

어진이는 사람들이 북적이는 시장 안으로 들어갔다. 사람들은 달려오는 어진이를 피해 옆으로 비켜섰다. 하지만 순사들이 달려왔을 때는 비켜주지 않았다. 중국 사람들도 일본군들을 미워하고 있었다.

시장 안으로 들어갈수록 더 복잡했다. 장사꾼들과 손님들이 발 디딜 틈 없이 꽉 차 있어 제대로 달릴 수가 없었다. 순사들과의 거리는 점점 좁혀왔다.

앞에서 짐을 가득 실은 마차가 오고 있었다. 비집고 도망갈 틈도 없었다. 어진이가 당황해서 어쩔 줄 모르고 있는데 갑자기 마부가 어진이를 번쩍 들어올렸다. 얼굴이 새까맣고 이가 누런 중국인이 어진이에게 중국말로 말하면서 짐이 가득 실려 있는 마차 짐칸을 가리켰다. 저기로 숨으라는 말 같았다. 어진이는 재빨리 짐칸으로 가서 커다란 바구니 틈에 몸을 숨겼다.

　마차가 순사들 옆을 지나가는 게 바구니 틈으로 보였다. 순사들은 독사 같은 눈빛으로 주위를 두리번거리며 어진이를 찾고 있었다. 어진이는 숨을 죽였다.

　"세워라."

일본 순사가 마차 앞을 가로막았다. 마부는 무슨 말인지 알아들을 수 없는 중국말로 떠들었다. 순사들은 긴 칼을 뽑아 짐칸에 있는 바구니들을 푹푹 쑤셔 댔다. 중국 마부가 화가 잔뜩 난 얼굴로 거칠게 항의했지만 소용없었다.

긴 칼이 바구니들을 차례로 찌를 때마다 어진이는 깜짝깜짝 놀라 몸을 더욱 웅크렸다. 칼이 어진이 코앞으로 푹 들어왔다. 조금만 고개를 돌리면 그대로 칼에 찔릴 것 같은 위치였다. 하지만 칼은 아슬아슬하게 어진이의 얼굴을 스치고 지나갔다.

짐칸에 있는 바구니들을 다 찔러 본 순사들은 신경질적으로 마차 바퀴를 차며 어서 꺼지라고 소리쳤다. 마부는 그제야 마차에 올라 말을 몰았다.

마차는 시장에서 한참이나 떨어진 곳에서 섰다. 마부는 어진이에게 나와도 좋다는 듯 중국말로 뭐라고 했다. 어진이는 바구니 사이에서 나왔다. 주위를 둘러본 어진이는 깜짝 놀랐다. 그곳은 바로 우체국 앞이었다. 그러니까 마부는 어진이가 우체국에 가는 길이라는 것을 안 모양이었다.

"고맙습니다, 아저씨. 정말 고맙습니다."

어진이는 마부에게 몇 번이나 인사를 하고 마차에서 뛰어내렸다. 마부는 우체국을 가리키며 빨리 들어가라고 손짓했다. 어진이는 마부에게 다시 한번 허리 숙여 인사한 뒤 우체국으로 뛰어 들어 갔다.

편지를 부치고 무사히 돌아왔을 때 사무실에는 김구 아저씨 혼자 책상 앞에 앉아 있었다. 어진이를 보자 김구 아저씨는 이를 드러내며 활짝 웃었다.

"성공했구나, 동지. 수고했소."

어진이는 동지라는 말에 부끄러워 살짝 고개를 숙였다.

"아까 창밖으로 네가 순사들한테 잡힌 거 다 봤다. 여차하면 우리 동지들이 널 구해 주려고 했는데 그러기 전에 네가 잘 대처했다. 장하다 어진아."

김구 아저씨가 어진이를 얼싸안았다. 아저씨의 가슴이 차돌처럼 단단했다. 어진이는 가슴이 벅차올랐다.

"네가 방금 부치고 온 그 편지가 무슨 편지인지 아느냐?"

김구 아저씨는 찐빵을 가져와 어진이에게 내밀며 말했다. 금방 쪘는지 찐빵이 따끈따끈했다.

"해외 동포들에게 독립 자금을 요청하는 편지다."

어진이는 입안에 가득 들어 있는 찐빵을 씹다 말고 놀라서 눈을 동그랗게 떴다.

"네?"

"우리 임시 정부는 해외에 있는 동포들이 보내 주는 성금으로 운영되고 있다. 해외 동포가 없었으면 우리 임시 정부도 없었을 거다. 가족과 살기도 힘들 텐데 거액의 성금을 보내 주는 대단한 애국자들이지."

어진이는 일제 강점기에 대해서 배운 적이 있었다. 독립운동을 하다가 일본 순사에게 잡혀가 모진 고문을 당한 독립운동가들, 폭탄을 왜놈들에게 던진 의사들, 만세 운동을 하다 옥에 갇혀 죽어간 열사들, 독립운동 자금을 보내 임시 정부를 있게 한 조선의 지주들과 해외 동포 들의 이야기이다. 책에서만 봤던 내용을 이렇게 김구 아저씨에게 직접 들으니 더 실감이 났다.

찐빵을 다 먹고 나자 배가 부르면서 그제야 긴장이 풀어졌다.

어진이는 전부터 진짜 궁금했던 내용을 물었다.

"그런데 아저씨, 아니 선생님은 어떻게 여기로 오시게 됐어요?"

김구 아저씨가 껄껄 웃었다.

"그냥 아저씨라고 불러라. 그게 더 듣기 좋아. 어떻게 여기까지 오게 됐느냐고? 음……."

김구 아저씨는 잠시 허공을 보며 생각에 잠겼다. 그러더니 어진이의 눈을 똑바로 바라보며 강하고 분명한 목소리로 말했다.

"삼일 만세 운동이 일어나던 무렵이었다. 그때 전국에서 들불처럼 만세 운동이 일어났지. 그 일로 조선의 사정이 낱낱이 해외로 알려지게 됐고 하루빨리 일본한테 독립을 해야 한다는 뜻이 하나로 모아졌어. 하지만 왜놈들은 오히려 더 포악하게 조선을 탄압하기 시작했다. 그래서 결심했다. 만세 운동만으로는 조선의 독립을 이룰 수 없고 목청만 높여서는 될 게 아니라 행동으로 옮겨야 했어. 그래서 상하이로 건너와 여러 사람과 힘을 모아 임시 정부를 세웠단다."

어진이는 독립운동을 한다는 건 상상할 수도 없었다. 그건 목숨을 내놓을 뿐만 아니라 대단한 용기가 필요한 일이었다.

"어떻게 독립운동을 할 생각을 하셨어요?"

어진이의 물음에 김구 아저씨는 자신감에 찬 목소리로 말했다.

"일본놈들이 우리 조선을 식민지로 만들었을 때 조선 백성은 울분을 토했지. 불의를 보고 말만 하는 것은 침묵하는 것과 같은 것이다. 침묵하는 건 그 불의에 동의한다는 것과 같지. **침묵하거나 말만 하는 것보다 실천을 해야 불의에 맞서는 거다.** 그래서 말만 하지 말고 실천을 하기로 했다."

어진이는 아침에 벌을 섰던 일이 생각났다. 다시는 지각을 하지 않겠다는 말을 백 번이나 했다. 전에도 수없이 그런 약속을 부모님이나 선생님한테 했지만 말뿐이었고 약속을 지킨 적이 없었다. 김구 아저씨처럼 불의에 맞서 행동으로 옮기는 것은 꿈도 못 꿨다. 어떻게든 그 상황을 빠져나가기 위해 끊임없이 말로만 거짓 약속을 했다. 어진이는 부끄러워서 고개를 숙였다.

"백 마디 말하는 건 쉬워도 한 번 실천하는 건 어렵지? 나도 그랬다. 만날 말로만 나라 걱정, 백성 걱정 했지, 그걸 실천하진 못했어. 그런데 어느 날 비로소 실천하게 됐단다."

"어떻게요?"

"나를 사랑하게 되니까 내가 뭘 해야 되는지 알겠더라."

"네? 그게 무슨 말씀이세요?"

"나도 너만 했을 때는 내가 밥만 축내는 식충이고 우주에 떠도는 티끌만도 못한 인생이라고 생각했다."

어진이는 김구 아저씨 말을 믿을 수가 없었다. 학교에서 배운 백범 김구는 나라를 위해 큰일을 하신 분이다. 그런 분이 어떻게 저런 생각을 했을까?

"정말요?"

"응, 그런데 어느 날 마음을 바꾸게 됐다. 내가 나를 사랑하지 않으면 다른 사람을 사랑할 수 없다는 걸 깨달았어. 그리고 내가 나를 사랑하지 않으면 다른 사람도 나를 사랑하지 않아. 나는 귀

한 존재이고 내 몸속에는 전 우주가 담겨 있을 만큼 대단한 존재라고 생각하고 나니까, 내가 나를 사랑해야 되겠다는 생각이 들고 그제야 나라와 이웃을 사랑해야겠다는 마음이 들었던 거야."

내가 나를 사랑해야 한다고? 어진이는 김구 아저씨의 그 말을 마음속으로 곰곰이 되새겼다.

김구 아저씨가 계속 말했다.

"내가 나를 사랑하게 되니까 내가 한 약속에 대해서도 책임을 지게 되었다. 다른 사람하고 한 약속도 아니고 존귀한 나 자신과 한 약속인데 함부로 어기면 안 되겠더라. 어떤 일이든 누구에게 보여 주기 위해서가 아니라 나 자신에게 보여 주기 위해서 하게 되었지. 다른 사람과의 약속을 지키지 못하는 게 무서운 게 아니라 나 자신과의 약속을 지키지 못하는 게 가장 무서웠지. 나 자신을 사랑하면 세상 사람 모두를 사랑할 수 있고 나 자신을 무서워하면 세상에 무서울 게 없다."

어진이는 한 번도 그런 생각을 해본 적이 없었다. 언제나 자신은 태어나지 말았어야 할 아이라고, 괜히 태어나서 문제만 일으키는 아이라고 생각했다. 그런 생각을 하니 또다시 우울해졌다.

김구 아저씨가 얼굴이 어두워진 어진이를 보며 물었다.

"너 안 좋은 일이 있었구나? 무슨 일 있었느냐?"

어진이는 말을 할까 말까 고민했다. 지금까지 누구에게도 자기의 고민이나 마음속에 있는 말을 했던 적이 없었다. 누구도 어진이의 눈을 들여다보며 진심으로 걱정해 주는 사람이 없었기 때문이다.

지금 눈앞에 있는 김구 아저씨의 얼굴을 보자 어진이는 솔직히 말하고 싶어졌다. 처음 만났을 때 신발 훔친 이야기를 했던 것처럼, 마음속에 있는 비밀들을 털어놓으면 부끄럽더라도 속은 시원해질 것 같았다.

어진이는 아침부터 아버지에게 혼났던 일, 학교에 가서 억울한 누명을 썼던 일, 상담실에 불려가 반성문을 쓰고도 내일 엄마를 학교로 모시고 가야 한다는 말을 했다. 그런데 말을 하다 보니 학교에서 있었던 일이 생각나 또다시 괴로워졌다. 어진이는 고개를 푹 숙였다.

"전 악마예요. 태어나지 말았어야 해요."

김구 아저씨가 어진이의 손을 꼭 잡았다.

"사람이 해서 되는 말이 있고, 해서는 안 되는 말이 있다. 넌 지금 해서는 안 되는 말을 하고 있어."

어진이는 간신히 고개를 들고 김구 아저씨를 보았다. 참으려고 했지만 눈물이 나왔다.

"하지만 사실인걸요. 전 말썽만 피우고 만날 혼나는 게 일이에요. 그래서 모두 절 싫어해요."

"아니, 그렇지 않다. 넌 방금 나라를 구하는 위대한 일을 했어."

이 말을 들은 어진이는 속으로 이렇게 생각했다.

'그건 사실이 아니에요. 여긴 1930년대 중국이고 난 21세기 대한민국에 살고 있는 열두 살짜리 남자아이일 뿐이에요.'

김구 아저씨가 애정이 가득 담긴 눈빛으로 다시 말했다.

"너 자신을 사랑해라. 그래야 부모나 이웃, 나라를 사랑할 수 있어. 내 말 알겠니?"

어진이는 대답도 못 하고 고개만 끄덕였다.

어느덧 창밖에 저녁노을이 차오르고 있었다. 이야기에 빠져 있던 김구 아저씨가 창밖을 보더니 자리에서 일어났다.

"이런, 벌써 저녁이 다 됐구나. 오늘 편지 부쳐 준 거 정말 고맙다. 다시 한 번 말하지만 넌 장한 일을 한 거야."

"저기 아저씨!"

어진이는 비밀문으로 걸어가다 말고 김구 아저씨를 불렀다.

"왜?"

"제가 사는 시대에도 놀러 오실래요? 제가 사는 곳을 아저씨에게 보여 드리고 싶어요."

김구 아저씨가 눈을 동그랗게 떴다.

"오, 그래? 그것 참 좋은 생각이구나. 나도 우리 조선이 어떻게 변해 있을지 궁금하다. 언젠가 한번 저 문을 열고 네가 사는 시대로 놀러가마. 지금은 독립운동을 하느라 정말 바쁘지만 시간을 쪼개서라도 꼭 가마."

"약속하셨어요!"

"하하! 그래. 난 약속은 어떤 일이 있어도 꼭 지키는 사람이니까 기다려. 꼭 갈 테니까."

"고맙습니다, 아저씨."

"고맙긴, 뭐가. 자 이제 늦었으니 빨리 돌아가라."

"네"

어진이는 큰 소리로 대답하고 비밀문을 열고 밖으로 나왔다.

어진이는 집이 가까워 올수록 괴로웠다. 일영이 코뼈를 부러트렸다고 선생님이 엄마한테 전화를 했을 테고 지금쯤 집에서는 난리가 났겠지. 아빠는 회초리를 들고 기다리고, 엄마는 또 엄청난 잔소리 폭탄을 퍼부을 준비를 하고 있을 거다.

이번 일은 그냥 넘어갈 일이 아니다. 코뼈가 부러진 대형 사고다. 억울하지만 모두 어진이가 했다고 하니 어쩔 수가 없었다.

'어떡하지?'

어진이는 문 앞에 서서 한참을 망설였다.

'내가 나한테 결백하면 돼. 나 자신을 무서워하면 세상에 무서운 게 없다고 김구 아저씨가 말씀하셨어. 좋아, 때리면 맞지 뭐. 그동안 내가 나쁜 짓을 많이 한 대가라고 생각하면 돼.'

그렇게 마음을 먹고 어진이는 문을 열었다.

아빠와 엄마가 거실에서 서성이고 있다가 어진이가 들어가자 놀란 얼굴로 다가왔다.

"아이고, 어진아."

"어디 갔다 이제 왔니?"

어진이는 영문을 몰라 아빠 엄마를 번갈아 보았다. 시계를 보니 밤 10시가 다 됐다. 김구 아저씨를 만나고 나서도 집에 들어오기 싫어 여기저기 돌아다니다 이제 들어온 거다.

엄마가 어진이를 보자마자 덥석 끌어안고 말했다.

"아침에 네가 일영이한테 장난쳐서 일영이 코뼈가 부러졌다고 담임 선생님이 전화했었어."

이번에는 아빠가 엄마 말을 이어서 말했다.

"우리도 놀라서 식당 문 닫고 병원에 갔었다. 일영이는 코뼈가 부러진 게 아니라 코피가 난 거였다."

어휴, 기껏 코피가 난 걸 가지고 그렇게 난리를 떨다니.

이번에는 엄마가 계주 달리기를 하듯 아빠 말을 이어서 말했다.

"아무튼 너 때문에 일영이가 다친 거라고 담임 선생님이 말해서 우리 그런 줄만 알고 있었지. 그런데 일영이가 넌 아무 죄도 없다고 자기가 달려가다 넘어진 거라고 솔직히 말했대."

이번에는 아빠가 말했다.

"애꿎은 우리 어진이만 죄를 뒤집어쓸 뻔했지 뭐냐."

"여태까지 네가 안 오길래 우리가 얼마나 걱정했는지 몰라. 담임 선생님도 계속 너 들어왔냐고 연락했어. 아이고, 우리 어진이 얼마나 마음 고생이 심했니?"

어어, 다들 왜 이러지?

어진이는 도무지 이 상황을 믿을 수가 없어서 어리둥절한 얼굴로 아빠 엄마를 보았다.

"어디 갔었어? 배고프지? 밥 차려놨으니까 밥 먹자, 응?"

식탁에는 어진이가 좋아하는 닭볶음탕이 있었다. 엄마는 밥솥에서 금방 지은 따끈따끈한 밥을 펐다.

어진이는 앉은자리에서 밥 한 그릇을 뚝딱 해치웠다. 닭볶음탕에 따뜻한 밥을 한 그릇 배부르게 먹고 나니 기분이 좋아졌다. 하루에 이렇게 많은 일이 일어나다니 놀라웠다. 아침에 벌을 서고 학교에 가서는 억울한 누명을 쓰고, 오후에는 김구 아저씨를 만나 일본 순사에게 쫓기면서 우체국에 가서 편지를 부쳤다. 그러고는 집에 돌아와 아빠 엄마한테 이런 따듯한 대접을 받으니 하루가 백 년처럼 길게 느껴졌다. 잠자리에 눕자 금세 잠이 쏟아졌다.

'나를 사랑하자. 그래야 다른 사람도 사랑할 수 있고 나라도 사랑할 수 있어.'

어진이는 김구 아저씨가 했던 그 말을 계속 생각하며 잠이 들었다.

학교에 온 김구 아저씨

• 좋은 얼굴보다 좋은 몸이 더 낫고 좋은 몸보다 좋은 마음이 더 낫다 •

어진이는 화장실 거울 속에 비친 자신을 보며 한숨을 푹 내쉬었다. 아무리 봐도 얼굴이 마음에 안 들었다. 작고 찢어진 눈, 뭉뚝한 코, 툭 튀어나온 입. 어진이 별명은 '시인'이었다. 시를 쓰는 시인이 아니라 원시인처럼 생겼다고 해서 붙은 별명이었다.

어진이는 그 별명이 싫었다. 그래서 별명을 부르는 아이가 있으면 주먹부터 날렸다.

친척들이나 이웃 사람들은 어진이를 아빠와 붕어빵이라고 했다. 어진이가 봐도 아빠를 쏙 빼닮았다. 삼십 년쯤 지나면 아빠하고 똑같은 얼굴이 돼 있을 거라고 상상하면 끔찍했다.

손을 씻고 있는데 뒤에서 같은 반 찬욱이가 노래를 부르듯 흥얼거리는 소리가 들렸다.

"시인 시인 원시인, 무얼 먹고 사나, 바나나 먹고 살지.

시인 시인 원시인, 어디에서 사나, 나무 위에서 살지."

어진이는 홱 돌아봤다. 찬욱이는 오줌을 누다가 어진이를 보더니 재빨리 바지를 올리고는 번개처럼 화장실에서 나가 버렸다.

'저걸 그냥, 확!'

어진이는 달려가서 주먹을 한 방 날릴까 하다가 꾹 참았다. 그 순간 김구 아저씨 생각이 났기 때문이다. 아저씨라면 분명히 그냥 껄껄 웃고 말았을 것이다. 그래, 이런 일에 일일이 신경 쓸 필요는 없다.

어진이는 화장실을 나오려다가 다시 한 번 거울을 보았다. 그런데 이상하게도 방금 전 얼굴과 조금 다르게 보였다. 못생긴 얼굴이 조금 개성 있어 보였다.

교실로 가는데 아이들이 어진이네 교실 쪽으로 우르르 몰려갔다. 복도 끝에 있는 어진이네 교실 앞에는 아이들이 바글바글 모여 있었다.

'무슨 일이지?'

어진이는 급히 교실 쪽으로 걸어갔다.
"앗, 아저씨!"
어진이는 교실 앞에 서 있는 김구 아저씨를 보고 깜짝 놀랐다.
김구 아저씨가 아이들에게 둘러싸여 있다가 어진이를 발견하고는

활짝 웃으며 다가왔다.

"어진아, 나다. 내가 왔다."

어진이가 아이들 눈치를 보며 물었다.

"여긴 어쩐 일이세요?"

"네가 놀러 오라고 하지 않았느냐?"

"그건 그렇지만 이렇게 갑자기 연락도 없이."

"무슨 방도로 너랑 연락을 하느냐?"

"하긴 그래요, 암튼 잘 오셨어요."

"공부는 다 끝났느냐?"

"네."

"그럼 가자."

어진이와 김구 아저씨는 교실 밖으로 나왔다. 걸어올 때까지 몰랐는데 뒤에 아이들이 우르르 따라 나오고 있었다. 아까 복도에서부터 졸졸 쫓아다니던 아이들이었다.

김구 아저씨가 어진이의 귀에 대고 나지막한 목소리로 말했다.

"사실은 저쪽에서 큰일이 터져서 지금 왜놈들에게 쫓기고 있다. 며칠만 여기 숨어 있다 가도 되겠느냐?"

어진이는 걱정 가득한 얼굴로 김구 아저씨를 바라보았다. 그러고 보니 김구 아저씨 눈에는 불안한 기색이 가득했다.

"그럼요, 저희 집으로 가요."

"그럼 며칠 신세 좀 질까?"

운동장으로 내려갔을 때 아이들은 김구 아저씨 뒤에 바짝 따라붙어서는 대놓고 놀려 대기 시작했다.

"못생겼다."

"촌뜨기다."

그제야 어진이는 김구 아저씨를 자세히 보았다. 오래 입은 듯한 갈색 재킷, 굵은 줄무늬 바지는 누가 봐도 촌스러웠다.

김구 아저씨는 놀리는 아이들을 보고 있다가 갑자기 무술 시범을 보이기 시작했다.

얏, 야압!

절도 있는 팔과 다리 동작에, 온몸을 비틀어 날고, 공중에서 두 바퀴 회전 돌기도 했다.

어진이와 아이들은 놀라서 멍하니 보고만 있었다. 아이들은 점점 더 많이 몰려들었다.

김구 아저씨의 무술 시범은 계속되었다. 정말 한 마리 물찬 제비처럼 날렵했다. 눈빛은 매섭고, 손과 발동작에는 힘이 있었다. 쉭쉭 바람을 가르는 소리가 났다.

김구 아저씨가 공중회전 두 바퀴를 돌고 가볍게 땅에 내려서자

아이들이 일제히 박수를 치기 시작했다. 멋있다고 환호성을 지르는 아이도 있었고, 손가락을 입에 대고 휘파람을 부는 아이도 있었다.

김구 아저씨가 아이들을 천천히 둘러봤다.

"어때, 나 못생겼지?"

아이들이 일제히 대답했다.

"아니오!"

"에이, 애들은 거짓말을 하면 못써요. 나 진짜 못생겼지?"

아이들이 이번에는 서로 눈치만 봤다. 아까 못생겼다고 놀리며 따라오던 아이들은 슬며시 고개를 돌렸다.

"내가 못생긴 건 천하가 다 아는데 솔직하게 말해도 된다."

한 아이가 큰 소리로 말했다.

"에이, 아저씨는 못생겼지만 멋있어요."

그러자 다른 아이들이 웃음을 터트렸다. 김구 아저씨도 씨익 웃었다.

"왜 멋있냐?"

"무술을 잘해서요."

여기저기서 맞아요, 맞아요 하는 소리가 들렸다. 어진이는 자기도 모르게 어깨가 으쓱해졌다.

김구 아저씨가 큰 소리로 말했다.

"얘들아, 내가 옛날이야기 하나 해 줄까?"

아이들이 일제히 대답했다.

"네!"

"옛날에 한 못생긴 아이가 살았는데 그 아이는 못생긴 얼굴 때문에

아주 고민이 많았어요. 참, 그렇게 못생기기도 힘들어요. 자기가 자기 얼굴을 보고도 깜짝 놀랄 정도였다니까. 그러던 어느 날 그 아이는 곰곰이 생각했어요. 어차피 이런 얼굴 갖고 태어난 이상 얼굴은 바꿀 수 없으니 몸이라도 바꿔 보자 하고. 그러고는 무술을 연마해서 몸을 가꾸기 시작했지."

한 아이가 다 알겠다는 듯 피식 웃으며 말했다.

"에이, 아저씨 얘기죠?"

김구 아저씨가 껄껄 웃고 나서 말했다.

"요즘 아이들은 정말 똑똑하구나. 하나를 말해 주면 열을 알아요. 맞다, 내 얘기야. 내가 황소도 때려잡을 만큼 힘이 세단다."

아이들이 또 시끄러워졌다.

"와아, 황소를 때려잡았대."

"진짜요?"

김구 아저씨가 아이들을 조용히 시켰다.

"쉿. 황소를 때려잡을 만큼 세다고 했지 누가 때려잡았다고 했느냐?"

그 말이 또 맞아서 아이들은 낄낄거리며 고개를 끄덕였다.

"무술을 단련하고 나니 세상에 무서울 게 없더라. 좋은 얼굴을 가진 것보다 좋은 몸을 가진 게 훨씬 나았다."

그러고 보니 김구 아저씨는 키도 크고 몸도 단단하고 다부져 보였다. 아이들은 김구 아저씨의 가슴을 꾹꾹 눌러 보기도 하고 팔에 매달리기도 했다. 양쪽 팔에 두 명이 매달렸는데도 김구 아저씨는 끄덕도 하지 않았다.

"하하. 어떠냐? 내 몸 좋지?"

아이들이 또 일제히 대답했다.

"네. 좋아요!"

확실히 김구 아저씨는 뭔가 사람을 끄는 묘한 매력이 있었다. 처음에는 못생겼다고 놀리며 따라다녔던 아이들도 어느새 김구 아저씨에게 빠져 떠날 줄을 몰랐다.

김구 아저씨가 계속 말했다.

"좋은 몸을 갖게 되니까 그게 다가 아니라는 생각이 들었다."

아이들은 무슨 말인지 영문을 모르겠다는 표정으로 김구 아저씨를 쳐다보았다. 한 아이가 물었다.

"몸도 좋고 무술도 잘하면 좋은 거잖아요."

"아니, 무술만 잘 한다고 좋은 건 아니지. 진짜는 말이다. 이거다, 이거."

김구 아저씨가 자기 가슴을 손바닥으로 툭툭 쳤다. 그제야 아이들은 알겠다는 듯 고개를 끄덕였다.

"마음요?"

"그래. 좋은 몸도 좋은 마음이 있어야 제대로 쓰는 법이다. 좋은 마음이 없고 좋은 몸만 있으면 만날 싸움이나 하고 다니는 싸움꾼밖에 더 되겠느냐? 그래서 난 마음을 단련하기로 했지."

"마음 단련요? 그건 어떻게 하는 건데요?"

"우리는 보통 몸을 단련한다고 할 때 겉으로 보이는 근육만 단련하거든. 겉모습만 신경 쓰다 보면 마음을 소홀히 하게 되지. 정작 중요한 건 마음이야. 마음을 단련하려면 공부를 해야 돼. 너희는 지금 뭘 배우는지 모르겠지만 난 서당에 다니면서 한학을 열심히 공부했단다. 성인들의 말씀을 내 가슴에 새기고 또 새겼지."

공부라는 말이 나오자 아이들은 '에이, 그럴 줄 알았어.' 하는 표정으로 입을 삐죽거렸다.

"하하. 예나 지금이나 공부하기 싫어하는 건 마찬가지구나. 하지만 이것 하나는 꼭 기억해라. 얘들아, **좋은 얼굴보다는 좋은 몸이 더 낫고 좋은 몸보다는 좋은 마음이 더 낫다.** 그래야 이 세상을 제대로 살아갈 수 있다. 공부를 하면 어떤 것이 옳고 어떤 것이 그른지 판단할 수 있는 능력이 생기지. 내가 어떻게 살아야 할지, 무엇을 위해 살아야 할지 결정하는 데 도움을 주기도 하고. 한 번 태어난 인생인데 제대로 한 번 살다 가야 하지 않겠느냐? 남한테 나쁜 짓이나 해서 욕이나 먹고, 남을 괴롭히기나 하고, 내가 왜 사는지도 모른 채 그냥 허송세월하다 갈 수는 없지 않겠니? 어떻게 태어난 인생인데. 안 그러냐?"

"그래요!"

아이들은 또 일제히 대답했다. 김구 아저씨의 말솜씨는 아이들을 단번에 끌어들일 정도로 뛰어났다. 어진이는 김구 아저씨가 단순히 말만 잘해서 인기를 끄는 게 아니라 말에 진실한 마음이 담겨 있기 때문일 거라고 생각했다. 그런 김구 아저씨와 친하다고 생각하니 저절로 어깨가 으쓱해졌.

"자 오늘은 여기까지. 모두 집으로 돌아가라. 좋은 마음을 가지려고 노력해야 한다. 약속할 수 있겠느냐?"

"네!"

김구 아저씨는 고른 치아가 다 드러날 정도로 환하게 웃었다. 아이들이 모두 교문을 나가고 어진이는 김구 아저씨와 맨 마지막으로 교문을 나왔다.

어진이는 기분이 좋아졌다. 아까 아이들이 어진이를 보는 눈빛이 예전과는 다르게 느껴졌다. 저런 아저씨하고 친하다니 부러워하는 눈빛이었다.

둘이 남게 되자 김구 아저씨의 얼굴이 어두워졌다. 김구 아저씨는 그제야 독립군 아저씨 한 분이 일본군들에게 폭탄을 던져 잡혀갔다고 했다. 그 일 때문에 지금 일본군들이 독립군들을 잡으러 다니느라 혈안이 돼 있다고 했다.

"아, 어떡해요?"

"걱정하지 마라. 그런다고 쓰러질 우리가 아니지. 일단 태풍은 피하고 보는 게 상책이다. 잠잠해지면 다시 활동을 시작할 생각이다."

"아저씨."

"응?"

"무섭지 않아요?"

"뭐가?"

"목숨 걸고 일본군들하고 싸우는 거요. 제가 책에서 봤는데 안중근 의사나 윤봉길 의사 같은 분들은 잡혀서 죽을 걸 알면서도 폭탄을 던졌대요. 일본군에게 잡혀 사형을 당할 때도 당당했고요. 저라면 무서워서 그렇게 못할 것 같아요."

솔직한 어진이의 말에 김구 아저씨는 빙긋 웃으며 말했다.

"왜 안 무섭겠느냐? 죽는 건 누구나 다 무서운 거다. 인간에게 가장 끔찍한 공포가 죽음에 대한 공포 아니겠느냐."

"그런데 왜 죽을 줄 알면서도 독립운동을 하는 거예요?"

"신념 때문이란다. 우리가 해야 할 일이 옳다는 것에 대한 신념, 목숨을 걸어도 아깝지 않은 일에 대한 신념 말이다. 물론 우리 독립군 한 명의 힘으로 저 거대한 일본군들을 쓰러트릴 순 없다. 하지만 이렇게 계속 저항을 하다 보면 우리가 나라를 빼앗기고도 가만히 있는 민족이 아니라는 것을 세계가 알아줄 것 아니냐. 왜놈들도 우리나라를 얕잡아 보지 못할 거고. 그래서 목숨을 걸고 저항하는 거란다. 우리 독립군들은 하나뿐인 목숨을 바쳐서라도 나라를 구하고 싶은 신념에 똘똘 뭉친 사람들이지."

어진이는 저절로 고개가 끄덕여졌다. 김구 아저씨와 얼굴도 이름도 모르는 많은 독립군이 정말 대단하다고 생각했다. 나는 과연 무엇을 위해서 살아야 할까, 내가 옳다고 믿는 것을 위해 과연 내 목숨을 바칠 수 있을까? 그런 생각을 하자 어진이는 머릿속이 복잡해졌다.

"아저씨, 제가 아이스크림 사 드릴까요?"

"아이스……, 뭐라고?"

"아이스크림요. 아주 시원하고 맛있는 거예요."

"너 돈 있느냐?"

"걱정 마세요. 용돈 받았어요."

어진이는 아이스크림 두 개를 사서 하나를 김구 아저씨에게 내밀었다. 생각해 보니 지금까지 누구에게 뭔가를 사 준 게 처음이었다. 기분이 정말 좋았다. 아, 이런 거구나. 누구에게 베푸는 기분이.

아이스크림을 난생 처음 먹은 김구 아저씨는 지금까지 먹어 본 음식 중에서 가장 맛있는 음식이라면서 놀라워했다. 그러고는 아이스크림을 아주 조금씩 아껴서 먹었다.

집까지 오는 동안 김구 아저씨는 도로를 달리는 자동차, 물건들이 가득 쌓여 있는 상점들, 수많은 사람을 보며 놀라워했다. 높은 아파트를 보고는 "세상에! 무슨 건물이 하늘을 찌를 것 같구나. 저기 살면 어지럽지 않겠느냐?" 하며 놀랐다. 또 사람마다 들고 다니는 휴대 전화를 보고는 "저 이상하게 생긴 물건은 대관절 뭐기에 사람마다 하나씩 들고 다니며 말을 하는 것이냐?" 하고 물었다. 마트를 지날 때는 "시장이 건물 안에 있다니 저 많은 물건은 대체 어디서 나왔단 말이냐?" 하고 묻기도 했다. 어진이는 김구 아저씨의 물음에 일일이 설명해 주었다.

두 사람이 운동화 매장 앞을 지날 때였다. 갑자기 김구 아저씨가 걸음을 멈췄다.

"가만, 여기가 거기냐?"

어진이는 아무 대답도 못 하고 발끝으로 바닥을 톡톡 차고만 있

었다. 김구 아저씨는 운동화 매장을 들여다보더니 의미심장한 얼굴로 씨익 웃었다. 어진이는 얼굴이 새빨개졌다. 앞으로 오랫동안 운동화 매장 앞을 지날 때마다 얼굴이 빨개질 것 같은 예감이 들었다.

집 안으로 들어서자 김구 아저씨는 기진맥진했는지 소파에 털썩 주저앉았다.

"아이고, 이 시대는 왜 이렇게 시끄럽고 복잡하냐? 혼이 다 빠질 것 같구나."

어진이는 냉장고에서 시원한 오렌지 주스를 꺼내 왔다. 김구 아저씨는 "아우, 시다." 하면서도 주스 한 컵을 다 마셨다.

"아빠 엄마 오실 때까지 제 방에서 좀 쉬고 계세요."

어진이는 김구 아저씨를 제 방으로 안내했다. 방 안을 들여다본 김구 아저씨가 비명을 질렀다.

"아이쿠!"

"왜요?"

어진이는 방을 한 번 둘러보았다. 바닥에 수북한 빈 과자 봉지들, 책상 위에는 더 놓을 데가 없을 정도로 아무렇게 쌓아 둔 책들, 반쯤 열린 옷장에 가득 쑤셔 놓은 옷들은 평소하고 똑같았다.

"이게 뭐 어때서요?"

"네 눈에는 이게 정상으로 보이느냐?"

"그럼 이게 비정상이에요?"

김구 아저씨가 답답하다는 듯 목청을 높여 말했다.

"방이 이게 뭐냔 말이다. 꼭 돼지우리 같구나. 도대체 청소는 하는 거냐, 안 하는 거냐?"

"아, 청소요? 엄마가 바빠서 청소할 시간이 없어요. 암튼 들어오세요."

어진이는 방바닥에 널려 있는 쓰레기를 발로 툭툭 차 침대 밑이나 책상 밑으로 밀어 넣으며 자리를 만들었다. 김구 아저씨는 한심하다는 듯 고개를 절래절래 저으며 팔을 걷었다.

"네 방을 왜 엄마가 청소해? 네가 해야지. 안 되겠다. 너 나랑 청소 좀 하자."

어진이는 지금까지 태어나서 단 한 번도 청소를 해 본 적이 없었다. 방 청소는 항상 엄마가 해 줬다. 하지만 엄마가 식당일 때문에 바빠서 마지막으로 청소해 준 후 한 달도 더 넘었다.

김구 아저씨는 방바닥에 있던 쓰레기들을 쓰레기 봉투에 담았다. 벗어 놓은 옷들과 양말들은 빨래 바구니에 담았고, 책상 위에 가득한 책들은 제자리를 찾아서 책꽂이에 꽂고 연필은 연필통에 꽂았다.

또, 옷장과 서랍장에 아무렇게나 쑤셔 놓았던 옷들은 가지런히 개켜서 다시 넣었다. 침대 위에 둘둘 말려 있던 이불은 펼쳐서 사뿐히 침대 위에 덮어 놓았다.

방이 순식간에 놀랄 정도로 깨끗해졌다.

"자, 봐라. 물건들은 자기 자리가 있는 법이다. 책은 책장에 연필은 연필꽂이에 옷은 서랍에 쓰레기는 쓰레기통에 있을 때가 가장 멋져 보이는 법이지. 옷이 책상 위에 있고 쓰레기가 침대 위에 있고 연필이 방바닥에 떨어져 있으니 방이 그렇게 어지럽고 지저분했지?"

어진이는 고개를 끄덕였다.

"청소하기 싫으면 물건을 제자리에 두기만 하면 된다. 알겠냐?"

"네. 아저씨."

어진이는 김구 아저씨가 참 이상하다고 생각했다. 평소에 어진이가 힘들어 하던 것들을 김구 아저씨는 아무일도 아닌 것처럼 쉽게 해냈다.

외모만 해도 그렇다. 어진이는 심한 외모 열등감에 시달려 왔다. 자신이 못생겼다고 생각했기 때문에 여자친구는커녕 남자친구를 사귀는 것조차 힘들었다. 그래서 늘 혼자 다녔고 혼자 다니다 보니 성격이 어두워졌다.

그런데 김구 아저씨는 얼굴보다는 몸을, 몸보다는 마음의 근육을 키우라고 말했다. 그리고 정말 못생겨 보이는 김구 아저씨는 아이들 앞에서 정말 당당했고, 그 모습이 오히려 잘 생긴 영화배우보다 멋있어 보였다.

지금도 그렇다.

모든 물건은 자기 자리에 있을 때 가장 멋있어 보인다!

그 말은 정말 단순하다. 물건들이 저렇게 제자리에 있으니 방이 이렇게 깨끗한데…….

"사람도 마찬가지다. 네가 지금 부모 밑에서 태어나 지금 여기서 살아가는 것은 이곳이 네가 꼭 있어야 할 자리이기 때문이야."

꼭 있어야 할 자리……. 꼭 있어야 할 자리!

어진이는 생각에 잠겼다. 그동안 어진이는 자기가 태어나지 말았어야 할 아이라고 생각했다. 언제나 혼나기만 하고 나쁜 짓이나 저지르고 다니고, 아이들과 싸움이나 해대는 쓰레기 같은 인간이라고 생각했다. 이렇게 태어나게 한 부모님을 원망해서 부모님한테 더욱 반항했다. 그런데 이 자리가 꼭 있어야 할 자리라니……. 단 한 번도 그런 생각을 해 본 적이 없었다.

어진이는 울컥했다. 눈물이 쏟아질 것 같았지만 꾹 참았다. 김구 아저씨한테 눈물을 보이고 싶지는 않았다.

"참, 아저씨! 배 안 고프세요?"

김구 아저씨가 배를 툭 치더니 말했다.

"그러고 보니 아까부터 배에서 밥 달라고 난리가 났구나. 찬밥이라도 있으면 좀 먹자."

어진이는 부엌으로 갔다. 냉장고에서 반찬을 꺼내고 밥솥에서 밥을 펐다. 찬밥이 아니라 따끈따끈한 밥이었다. 김구 아저씨는 한 그릇 뚝딱 해치우더니 한 그릇 더 달라고 했다. 결국 밥솥에 있는 밥을 두 사람이 다 먹어치웠다.

식당일을 끝내고 집에 돌아온 어진이의 부모님은 김구 아저씨를 보고 깜짝 놀랐다.

엄마가 의심이 가득한 얼굴로 김구 아저씨를 위아래로 훑어보며 물었다.

"이분은 누구니?"

김구 아저씨가 아빠 엄마한테 허리 숙여 공손히 인사했다. 아빠도 얼떨떨한 얼굴로 고개를 숙였다.

"처음 뵙겠습니다. 저는 김구올시다."

김구 아저씨가 크고 쩌렁쩌렁한 목소리로 말했다. 어진이가 재빨리 말했다.

"이분은 중국에서 오신 내 친구 친척이에요."

부모님에게는 친구의 친척이라고 소개하겠다고 김구 아저씨에게 미리 얘기해 놓았다. 사실대로 말한다고 해도 부모님이 믿어 줄 것 같지 않았다. 김구 아저씨도 그렇게 하는 것이 좋겠다고 했다.

"사실은 김구 아저씨가 내 친구네 가족을 만나러 서울에 왔는데 이미 이사 가 버려서 갈 곳이 없으시대요. 아까 우리 학교로 친구를 찾아 오셨기에 제가 우리 집으로 모시고 왔어요. 우리 집에서 며칠 계셔도 되죠?"

"친구 누구?"

"친구……. 음, 그러니까……."

"김창수의 큰할아버지입니다. 허허."

아빠와 엄마가 난감한 표정을 지었다. 어진이는 얼른 아빠 엄마 손을 잡고 자기 방 앞으로 끌고 갔다. 어진이가 방문을 활짝 열자 아빠 엄마는 동시에 깜짝 놀랐다.

"앗, 여기가 어디야?"

"방이 왜 이렇게 깨끗해?"

아빠 엄마는 도저히 믿을 수 없다는 듯 방 안을 둘러보았다. 어진이가 자랑스럽게 말했다.

"김구 아저씨하고 함께 청소했어요. 앞으로 내 방 청소는 내가 하겠다고 아저씨와 약속했어요."

엄마 얼굴이 활짝 밝아졌다.

"그렇게 혼내도 절대 청소 한 번 안 하더니 웬일이래?"

어진이는 이번에는 아빠 엄마를 부엌으로 데리고 갔다. 설거지통에 가득 쌓여 있던 설거지도 이미 깨끗이 해 놓은 뒤였다.

"설거지도 다 했어요."

아빠와 엄마는 뭔가에 홀린 얼굴로 어진이를 바라보았다. 어진이의 얼굴은 믿을 수 없을 만큼 밝았다.

아빠가 김구 아저씨에게 손을 내밀며 활짝 웃었다.

"우리 어진이 잘 부탁합니다. 내 집이다 생각하고 편히 계시다 가세요. 하하하."

엄마도 맞장구를 쳤다.

"집이 누추하지만 편히 쉬세요. 호호호."

어진이는 김구 아저씨와 함께 방을 쓰기로 했다. 김구 아저씨는 바닥에 요를 깔고 누웠다. 잠들기 전 어진이가 물었다.

"참, 아저씨. 아까 김창수 큰할아버지라고 하셨잖아요. 김창수가 누구예요?"

김구 아저씨가 허허 웃으며 대답했다.

"내 이름이다."

"네? 아저씨 이름은 김구 아니었어요?"

"아니다. 원래 어렸을 때는 김창암이었어. 옛날에는 어렸을 때 부르는 이름이 따로 있었거든. 그런데 동학 혁명 때 김창수로 바꿨고, 후에 독립운동 하다 감옥에 간 적이 있었지. 그때 감옥에서 호는 백범, 이름은 아홉 구(九) 자를 써서 김구로 바꿨지."

"백범은 하얀 호랑이라는 뜻인가요?"

김구 아저씨가 큰 소리로 웃었다.

"허허허. 아니다. 백정과 같이 천한 사람이나 범부, 즉 평범한 사람도 모두 애국심을 가졌으면 하는 마음에서 지은 거지. 백정의 백과 범부의 범을 따서 백범이라고 지은 거지."

"아하!"

어진이는 고개를 끄덕였다. 지금까지 '백범'을 하얀 호랑이로 알고 있었다. 직접 김구 아저씨에게 설명을 들으니 절대로 '백범'의 뜻은 잊어버릴 것 같지 않았다.

[싫다고 말할 수 있는 용기]
• 뭉우리돌 정신으로 무장하다 •

식탁 위에 있는 엄마 지갑을 본 어진이는 가슴이 쿵쿵 뛰었다. 지갑 안에는 만 원짜리 지폐가 두둑히 들어 있었다. 엄마는 샤워를 하고 있었고, 아빠는 아직 자고 있었다.

식당이 끝나고 돌아오면 엄마는 지갑을 식탁 위에 올려놓았다. 지갑에는 그날 식당에서 번 돈이 가득 들어 있었다. 어진이는 가끔씩 그 뭉치에서 만 원짜리나 천 원짜리를 몇 장씩 빼냈다. 엄마는 어진이가 몇 번 돈을 빼가는 것을 안 뒤에는 아무 데나 두지 않았다. 그런데 요즘은 어진이가 돈을 훔치지 않아서 안심하고 식탁 위에 지갑을 둔 모양이었다.

어진이는 자기도 모르게 손이 지갑 쪽으로 갔다. 몸이 부들부들 떨렸다. 하지만 금세 마음을 고쳐먹었다.

'안 돼. 지난번 운동화 훔친 뒤로 김구 아저씨와 다신 뭔가를 훔치지 않기로 약속했잖아.'

어진이는 돈을 향해 뻗었던 오른손을 왼손으로 탁 치며 돌아섰다. 그런데 돌아서자마자 눈을 부릅뜨고 있는 김구 아저씨와 딱 마주쳤다.

"헉! 깜짝이야. 간 떨어질 뻔했잖아요."

김구 아저씨가 매서운 눈빛으로 어진이를 노려보았다.

"방금 저 지갑에 손대려고 했지?"

"아, 아니에요."

"귀신 눈은 속여도 내 눈은 못 속인다."

어진이는 고개를 푹 숙였다.

"죄송해요."

"돈이 필요하니?"

어진이는 한숨을 푹 쉬었다.

"괜찮다, 말해 봐. 어디다 쓰려고 돈이 필요한 거냐?"

어진이는 안방을 힐끔 쳐다보고 김구 아저씨를 자기 방으로 데리고 들어갔다.

"오늘 만 원을 안 가져오면 제 신상을 다 턴다고 했어요."

"누가?"

"형들이……."

"형들 누구?"

"무서운 중학생들요."

"근데 신상을 턴다는 게 무슨 말이냐?"

"제 이름과 학교를 인터넷이나 SNS에 다 공개한다는 말이에요. 그럼 전 전교생에게 완전 찍혀서 학교 생활도 못 해요."

김구 아저씨는 어진이 말을 제대로 알아듣지 못했다. 인터넷이니 SNS니 하는 단어들이 김구 아저씨에게는 외계어 만큼이나 낯설게 느껴졌다. 하지만 지금 어진이는 무서운 중학생들에게 돈을 빼앗기고 있고, 만약 돈을 갖다 바치지 않으면 엄청나게 안 좋은 일이 일어날 거라는 사실은 짐작할 수 있었다.

아무에게도 말하지 않았지만 어진이는 오래전부터 동네 일진 중학생들에게 돈을 빼앗겨 왔다. 그들은 근처 중학교에 다니는 2학년으로 다섯 명 정도가 몰려다니며 학교 앞에서 초등학생들을 상대로 돈을 빼앗았다. 3학년 때 주머니에 있는 만 원을 빼앗긴 게 시작이었다. 그 돈은 할머니가 용돈으로 준 돈이었다.

그날 이후 어진이는 지금까지 돈을 빼앗기고 있었다. 돈이 없으면 외상이라면서 내일까지 꼭 가져 오라고 했다. 외상을 갚기 위해 어진이는 엄마 지갑에 손을 댔다. 그렇게 해서 중학생들에게 갖다 바친 돈이 꽤 됐다.

어진이는 그 사실을 부모님이나 선생님에게는 절대로 말할 수가 없었다. 만약 말을 하면 가만두지 않겠다고 중학생들이 협박했다. 차라리 도둑으로 몰려 매를 맞고 벌을 서는 게 훨씬 나았다.

하지만 김구 아저씨에게는 모든 비밀을 털어놓을 수 있을 것 같았다. 왠지 그런 마음이 들었다.

어진이의 이야기를 다 듣고 난 김구 아저씨는 주먹을 꽉 쥐고 부르르 떨었다.

"으, 그런 나쁜 놈들이 있나."

어진이는 속이 확 뚫리는 기분이었다. 하지만 금세 우울해졌다.

"절대 그 형들에게 말하면 안 돼요."

"왜?"

"아저씨가 가고 나면 절 가만두지 않을 거예요."

김구 아저씨는 뭔가를 곰곰이 생각하고 나서 말했다.

"우리 조선이 왜놈들에게 왜 나라를 빼앗겼는지 아느냐?"

"왜요?"

"용기가 없어서다. 싫다고 말할 용기 말이다. 그 결과는 너도 잘 알 것이다. 우리는 나라를 빼앗겼다. 이건 돈 몇 푼이 아니라 나라를 통째로 빼앗겼단 말이다. 만약 미리 정신 똑바로 차리고 도둑놈한테 우리 땅을 지켰더라면, 지금 이렇게 아까운 목숨을 버려가면서 나라를 되찾을 필요가 없었겠지. 그때 제대로 지키지 못한 대가가 얼마나 큰지 알고 난 뒤에는 이미 늦은 것이다."

어진이는 고개를 푹 숙였다.

"전 어떻게 해야 할지 모르겠어요. 힘도 없고 용기도 없어요."

김구 아저씨가 어진이의 두 손을 꼭 잡고 말했다.

"어진아, 잘 들어라. 죽기 살기로 덤비면 세상에 무서울 게 없다. 그래서 우리 독립군들도 이렇게 죽기 살기로 독립운동을 하는 거다. 왜놈들이 아무리 탄압해도 우린 결코 독립의 꿈을 포기하지 않을 거다. 뭉우리돌 정신으로 버티는 거지."

"뭉우리돌이요?"

"그래, 뭉우리돌은 동글동글하고 모나지 않은 돌을 말하지. 일본놈이 우리 독립지사들을 잡아들이면서 말했다. 논밭을 사들인 주인이 뭉우리돌을 다 뽑아 버리는 건 당연한 거 아니냐고."

어진이는 주먹을 불끈 쥐었다.

"나쁜 놈들."

"왜놈들이 우리를 뭉우리돌이라고 말해 주니 차라리 고마웠다.

그때 결심했지. 오냐, 내가 죽어도 왜놈들에게 뽑히는 뭉우리돌은 되지 않겠다."

"대단해요 아저씨."

"왜놈들은 어떻게 해서든 독립운동을 하는 우리를 다 잡아 버리려고 혈안이 돼 있어. 하지만 **우린 절대로 밭에서 뽑히지 않을 거다. 뭉우리돌 정신으로 단단하게 무장할 거야. 우리 밭이니 우리 뭉우리돌이 지켜야 하지 않겠느냐?**"

"맞아요."

어진이는 곰곰이 생각했다.

뽑혀 나가지 않는 강한 뭉우리돌이 되려면 어떻게 해야 할까? 나쁜 중학생들에게 당하지 않으려면 어떻게 할까?

김구 아저씨가 말했다.

"내가 나쁜 형들을 만나서 혼내 주고 싶지만 난 너를 도와줄 수가 없다. 난 다시 과거로 돌아가야 할 사람이기 때문이다. 난 단지 너한테 이 말을 해 주고 싶다. 우리가 뭉우리돌 정신으로 버틴다면 그 누구도 우리를 함부로 넘보지 못할 거라는 말, 무슨 뜻인지 알겠느냐?"

어진이는 자신없는 얼굴로 간신히 고개를 끄덕였다.

수업이 끝나고 교문을 나서는 어진이의 발걸음은 무거웠다. 교문 밖을 나가면 중학생들이 기다리고 있다가 어진이에게 돈을 가져왔느냐고 물을 게 분명하다.

처음에는 무서워서 있는 돈을 내줬지만, 이제는 돈을 주는 게 당연하게 되어 버렸다. 그리고 외상에 이자까지 붙어서 갚아야 할 돈은 눈덩이처럼 불어났다.

'그 형들이 날 가만 두지 않을 텐데 날 죽이면 어떡하지?'

"야, 너 이리 와 봐."

골목 어귀에 도착했을 때 모여 있던 중학생 중 한 명이 어진이를 손짓으로 불렀다. 어진이는 가슴이 철렁 내려앉았다. 드디어 올 것이 왔다.

어진이는 못 들은 척하고 계속 걸어갔다. 그러자 뒤에서 중학생이 따라오며 말했다.

"내 말 안 들려? 따라와."

어진이는 용기를 내서 고개를 홱 돌려 중학생을 노려보았다.

"왜요?"

중학생이 당황한 얼굴로 말했다.

"어, 이것 봐라? 어디서 눈을 치뜨냐? 눈 깔아."

"싫은데요?"

"뭐? 싫어?"

"네."

어진이가 강하게 나오자 중학생은 조금 기가 꺾인 상태로 어진이를 계속 따라왔다. 그리고 혼자 힘으로는 안 될 것 같았는지 골목 안에 있는 다른 중학생들을 불렀다. 곧 중학생 대여섯 명이 골목에서 우르르 뛰어나왔다.

"이젠 간이 배 밖으로 튀어나왔구나. 어딜 반항이야, 반항은."

어진이는 꼼짝도 하지 않고 중학생들을 노려보았다. 속으로는 무서워서 금방이라도 기절할 것 같았지만 그런 내색을 하지 않고 당당하게 버티고 서 있었다.

어진이는 당당하게 말했다.

"저 돈 없어요. 앞으로 돈 달라고 하지 마세요."

"뭐?"

한 중학생이 어이가 없다는 듯 운동화발로 어진이의 종아리를 툭툭 치며 말했다.

"죽고 싶냐?"

어진이는 마지막 남아 있는 용기를 끌어 모아 더 강한 목소리로 말했다.

"한 번만 더 괴롭히면 경찰에 신고할 거예요. 부모님한테도 말하고 선생님한테도 말하고 형들 집에도 다 알릴 거예요."

어진이는 너무 긴장해서 머리가 빙빙 돌고 토할 것 같았다.

한 중학생이 주먹을 들어 어진이를 치려고 했다. 어진이는 재빨리 피했다. 그러자 다른 중학생이 어진이 팔을 잡고 놓아 주지 않았다. 거리에 지나다니는 사람들이 무슨 일이지 하는 표정으로 어진이와 불량배 중학생들을 힐끔거렸다.

"안 되겠다. 골목으로 끌고 가."

한 중학생이 그렇게 말하자 어진이의 양쪽 팔을 잡고 있던 중학생들이 강제로 어진이를 끌고 가려고 했다. 어진이는 젖 먹던 힘까지 다 해 크게 소리쳤다.

"살려 주세요. 이 형들이 절 잡아가요. 살려 주세요."

당황한 중학생들이 주춤하는 사이 어진이는 발버둥을 치며 더 크게 소리쳤다.

"이 형들이 돈을 빼앗아 가려고 해요. 도와주세요."

길을 가던 사람들이 어진이가 있는 쪽으로 모여들었다. 중학생들은 얼굴이 새파랗게 질려서 어진이를 두고 도망가 버렸다.

어진이는 중학생들이 도망가 버리자 온몸의 긴장이 풀리면서 그 자리에 주저앉고 말았다.

어른들이 걱정스러운 낯빛으로 물었다.

"괜찮니? 어디 다친 덴 없어?"

그제야 눈물이 펑펑 쏟아졌다. 이상했다. 전혀 슬프지도 않은데 눈물이 쏟아졌다.

어진이는 집으로 돌아가 낮에 있었던 일을 말했다. 그러자 김구 아저씨가 어진이의 어깨를 톡톡 두드리며 말했다.

"그것 봐라. 겁날 거 하나도 없지? 이제 그 녀석들이 널 함부로 대하지 못할 거다."

어진이의 낯빛이 금세 어두워졌다.

"오늘은 그렇다 치고 내일은 어떡하죠? 더 많이 몰려오면요?"

집으로 오는 길에도 그게 걱정이었다. 그렇게 쉽게 물러갈 중학생들이 아니다. 어진이는 중학생들의 보복이 두려웠다.

"걱정 마라. 설마 그 녀석들이 널 죽이기야 하겠느냐? 네가 더 강하게 나가면 녀석들도 널 어쩌지 못할 거다. 그렇게 겁먹지 말고 당당하게 나가라. 알았느냐?"

"네, 아저씨. 당당하게!"

김구 아저씨 말을 듣고 있으면 어진이는 자신감이 샘솟고 당당해졌다. 김구 아저씨를 만나기 전이나 후나 자신은 그대로인데 몸과 마음이 더 강해진 것 같은 느낌이 들었다.

며칠 뒤 그 중학생들은 또다시 나타났다. 이번에는 야구 방망이를 들고 있었다. 어진이는 야구 방망이를 보자 덜컥 겁이 났다. 그걸로 한 대 맞으면 머리가 박살이 날 것 같았다.

한 중학생이 들고 있던 야구 방망이를 흔들며 물었다.

"야, 너 이거 보고 뭐 느끼는 거 없냐?"

어진이는 겁이 났지만 이번에도 죽기 아니면 까무러치기라는 심정으로 당당하게 대답했다.

"야구 방망이네요. 형, 야구 좋아하세요? 전 한아 팬인데 형들은 어디 팬이에요?"

중학생들이 어이가 없다는 듯이 피식 웃음을 터트렸다. 어진이는 더 능청스럽게 말했다.

"올해 코리안리그 우승은 아무래도 오성이 하겠죠? 내년엔 한아가 우승할 거 같아요. 한아 전력이 역대 최강이거든요."

어진이는 계속 능청스럽게 말했다. 그러자 이상하게 두려움과 무서움이 점점 사라졌다.

"지금 뭐하는 수작이야? 아, 됐고! 돈이나 내놓고 꺼져."

중학생들이 무섭게 눈을 부릅뜨며 어진이에게 점점 다가왔다.

어진이는 이제 두렵거나 무섭지 않았다. 오히려 그 중학생들이 불쌍해 보였다. 저렇게 남의 돈이나 뜯으면서 사는 게 좋을까. 그런 돈을 쓰고 다니면 즐거울까?

"없어요. 앞으로도 형들한테 줄 돈은 없을 거예요. 그러니까 죽이든 살리든 마음대로 해요."

어진이는 어깨를 펴고 당당하게 중학생들에게 한 발 다가섰다. 그러자 중학생들이 흠칫 놀라서 뒤로 물러났다. 어진이는 중학생들이 겁을 먹었다고 생각했다.

"SNS에 제 신상 털어도 괜찮아요. 뭐 어차피 전 왕따니까 그렇게 돼도 겁날 거 없어요."

중학생들은 질렸다는 표정으로 고개를 절래절래 저었다.

"니가 아주 사는 걸 포기했구나."

"뭐 여기서 더 나빠질 것도 없어요. 이젠 좀 인간답게 살아 보려고요. 형들도 생각을 고쳐먹는 게 어때요? 언제까지 이렇게 삥이나 뜯으면서 살 거예요? 우리 함께 새사람이 돼 보아요. 네?"

그러자 중학생들은 야구 방망이를 휘두르며 위협했다.

"한 번만 더 까불면 이걸로 네 머리통을 박살낼 거다."

그 말에 어진이는 입을 다물고 말았다.

중학생들은 서로 눈짓을 주고받더니 동시에 어진이에게 달려들었다. 어진이는 비명을 질렀다. 하지만 힘으로 다섯 명이나 되는 중학생을 당할 수는 없었다.

중학생들은 어진이의 주머니를 뒤졌다. 주머니에는 엄마가 한 달 용돈으로 쓰라고 준 삼만 원이 들어 있었다. 가방을 뒤져서 동전까지 다 꺼낸 중학생들은 이번에는 어진이를 때리기 시작했다. 발로 차고 주먹으로 쳤다. 어진이는 꼼짝도 못하고 맞기만 했다.

중학생들은 그렇게 한참 어진이를 때리고서야 멈추었다.

"퉤! 재수 없는 놈. 앞으로 까불지 마라."

어진이는 간신히 일어났다. 입술이 터졌는지 쓰리고 아팠다. 손

으로 문질러 보니 피가 묻어 났다. 제대로 걷지도 못할 만큼 온몸이 아팠다. 어진이는 겨우 걸어서 집으로 갔다.

어진이를 본 김구 아저씨는 깜짝 놀랐다.

"어떻게 된 거냐?"

어진이는 힘없이 주저앉았다.

김구 아저씨는 어진이의 상처에 약을 발라 주며 화가 잔뜩 난 얼굴로 말했다.

"안 되겠다. 내가 녀석들을 만나서 혼구녕을 내줘야겠다."

어진이는 고개를 흔들었다.

"아니에요, 아저씨. 제가 알아서 해결할게요. 아저씨는 독립운동에 힘쓰셔야죠."

"어떻게 할 셈이냐?"

"뭉우리돌 정신으로 버텨 봐야죠. 설마 절 죽이기야 하겠어요?"

"그래. 힘들겠지만 슬기롭게 네 힘으로 극복해 봐라. 이 일을 극복하고 나면 넌 앞으로 살아가는 동안 어떤 어려움이 닥쳐도 잘 이겨 낼 수 있을 거다."

김구 아저씨의 얼굴이 갑자기 어두워졌다.

"아저씨, 무슨 걱정 있으세요?"

"걱정이 왜 없겠느냐."

"임시 정부 쪽에 진짜 큰 일이 생긴 거예요?"

일본은 임시 정부 활동을 그냥 보고만 있지 않았다. 수시로 감시하고 임시 정부 요인들을 잡아갔다. 그럴수록 임시 정부 요인들은 독립운동을 더 열심히 했다. 김구 아저씨는 청년들을 모아 한인 애국단을 만들었다. 일본의 고위직들을 암살하려고 만든 비밀 결사대였다. 한인 애국단 단원이었던 이봉창 열사가 일본 국왕에게 폭탄을 던졌고, 윤봉길 의사는 상하이에서 일본군들을 향해 도시락 폭탄을 던졌다. 그밖에도 단원들은 곳곳에서 독립운동을 벌여 일본군들을 긴장시켰다. 그래서 일본은 한인 애국단을 지휘하는 김구 아저씨를 잡으려고 혈안이 되어 거액의 현상금까지 걸었다. 임시 정부를 중국의 남경으로 옮겼지만 일본은 그곳까지 암살대를 보내 김구 아저씨를 쫓고 있었다.

김구 아저씨로부터 이 이야기를 전해 들은 어진이는 걱정이 돼서 어쩔 줄 몰라 했다.
"어떡해요, 아저씨. 제가 도울 수 있는 방법이 없을까요?"
김구 아저씨가 어진이의 손을 꼭 잡고 말했다.
"너는 여기서 잘 살고 있으면 된다. 어떤 경우에도 절대 포기하지 마. 뭉우리돌 정신으로 꼭 버티는 거다. 알았지?"
"네. 알았어요, 아저씨."
결국 김구 아저씨는 며칠 뒤 임시 정부 청사가 있는 중국으로 돌아갔다. 어진이와 김구 아저씨만 아는 비밀의 집 통로를 이용했다. 어진이는 김구 아저씨를 그 앞까지 배웅했다.
"다시 만나자, 어진아."

"몸조심 하세요, 아저씨."

어진이는 지하실 문 안으로 황급히 들어가는 김구 아저씨를 바라보며 난생 처음으로 기도를 했다.

'제발 김구 아저씨한테 아무 일 없게 해 주세요. 우리 독립군 아저씨들에게도 용기를 주세요.'

골목에서 사라진 형들
•국가는 망해도 인간은 망하지 않는다•

　어둡고 음산한 분위기의 실내에는 천정에서 길게 늘어진 알전구 하나만 켜져 있었다. 알전구 아래에 놓인 의자에는 한 남자가 앉아 있었다. 손은 뒤로 묶인 채 고개를 떨구고 있었다. 그 남자의 옷은 온통 피투성이였고 찢어진 옷 사이로 깊게 패인 상처들이 보였다.

　그때 어둠 속에서 한 남자가 나타났다. 남자는 손에 가죽 채찍을 들고 있었다.

　"이 악질 조센진 놈, 정말 끈질기군. 마지막 기회다. 네 동료들은 어디 있지? 얼른 불지 않으면 가만두지 않겠다."

남자의 눈이 희미한 전등 밑에서 번뜩였다. 의자에 앉아 있던 남자는 죽은 것처럼 꼼짝도 하지 않았다.

"내 말이 안 들리나, 이 조센진!"

남자가 의자에 앉은 남자의 머리채를 잡아 위로 치켜올렸다.

악!

그 순간 어진이는 비명을 질렀다. 의자에 묶여 있던 남자는 바로 김구 아저씨였다. 얼굴은 거의 못 알아볼 정도로 피투성이였다. 하지만 부릅뜬 두 눈은 상대의 간담을 서늘케 할 정도로 매섭게 빛났다. 그 얼굴을 보자마자 어진이는 잠에서 깼다.

방 안은 어두웠다. 야광 시곗바늘이 새벽 4시 25분을 가리키고 있었다. 어진이는 어둠 속에서 몸을 잔뜩 웅크린 채 꿈속에서 김구 아저씨의 눈빛을 떠올렸다.

'정말 생생해. 김구 아저씨한테 무슨 일이 생긴 건 아닐까?'

어진이는 김구 아저씨가 걱정돼서 잠이 오지 않았다.

김구 아저씨가 간 지 한 달이 지났다. 그동안 어진이에게는 많은 변화가 있었다. 제일 큰 변화는 드디어 어진이에게도 친구가 생긴 거였다.

어진이 때문에 넘어졌다고 거짓말을 해서 어진이를 난처하게 했던 일영이와 친해졌다. 그 일이 있은 뒤 일영이는 어진이만 보면

슬슬 피했다. 거짓말을 했다고 어진이가 보복할 것 같아서였다. 하지만 어진이는 보복을 하기는커녕 오히려 일영이가 모르는 아이들한테 괴롭힘을 당하고 있을 때 나서서 도와주었다.

친구를 사귀는 건 어려운 일이 아니었다. 먼저 다가가 말을 걸면 되는 거였다. 처음 말을 걸 때가 어려웠지 그다음부터는 자연스럽게 함께 축구도 하고 놀이터에도 같이 다니게 되었다.

어진이는 아빠한테 매를 맞거나 엄마한테 잔소리를 듣는 일도 줄어들었다. 더는 엄마 지갑에 손을 대지 않았고, 학교에 지각하지도 않았기 때문이다. 이제 집 청소는 물론 밥도 스스로 차려 먹었다.

아빠 엄마는 요즘 어진이에게 신경 쓸 여유가 없어졌다. 근처에 대형 음식점이 새로 생겨서 작은 음식점들이 장사가 안 되기 때문이었다. 거기다 건물 주인은 임대료를 터무니없이 올려 달라고 했다. 밤늦게까지 장사를 해도 어떤 달에는 손해만 본다며 아빠 엄마는 한숨이 끊이지 않았다.

아빠가 식당을 시작한 건 몇 년 전 다니던 회사에서 조기 퇴직을 한 뒤였다. 그때 받은 퇴직금에 은행 대출을 더해 작은 식당을 차렸다. 하지만 생각보다 장사는 잘 되지 않았다. 장사 경험도 없었고 주변의 큰 음식점들을 당할 수가 없었다.

아빠 엄마의 한숨이 깊어갈수록 어진이는 점점 더 철이 들었다.

간밤에 꾼 불길한 꿈 때문에 어진이는 하루 종일 안절부절못했다. 김구 아저씨가 다시 일제 강점기 시대로 돌아간 이후 한 번도 그 집에 가 보지 않았다. 친구들과 노느라 김구 아저씨 생각을 하는 시간이 점점 줄어든 때문이기도 했다.

결국 어진이는 학교 수업이 끝나고 비밀의 집으로 가서 지하실로 내려갔다.

임시 정부 청사 사무실은 엉망이었다. 의자들은 엎어져 있고, 바닥에는 서류가 널려 있었다. 책상 서랍도 모조리 바닥에 나뒹굴고 있었다. 사무실에는 아무도 없었다.

어진이는 가슴이 철렁 내려앉았다. 간밤의 꿈이 사실로 드러났다. 무슨 일이 일어난 게 분명했다.

사무실 문을 열고 밖으로 나갔다. 김구 아저씨 심부름으로 길 건너편 우체국까지 갔던 경험이 있어서 그리 두렵지 않았다.

거리는 아무 일도 없었다는 듯 평온했다. 자전거를 타고 다니는 사람들, 인력거를 끄는 인력거꾼, 길 한가운데를 달리는 전차, 바쁘게 걷는 사람들과 손

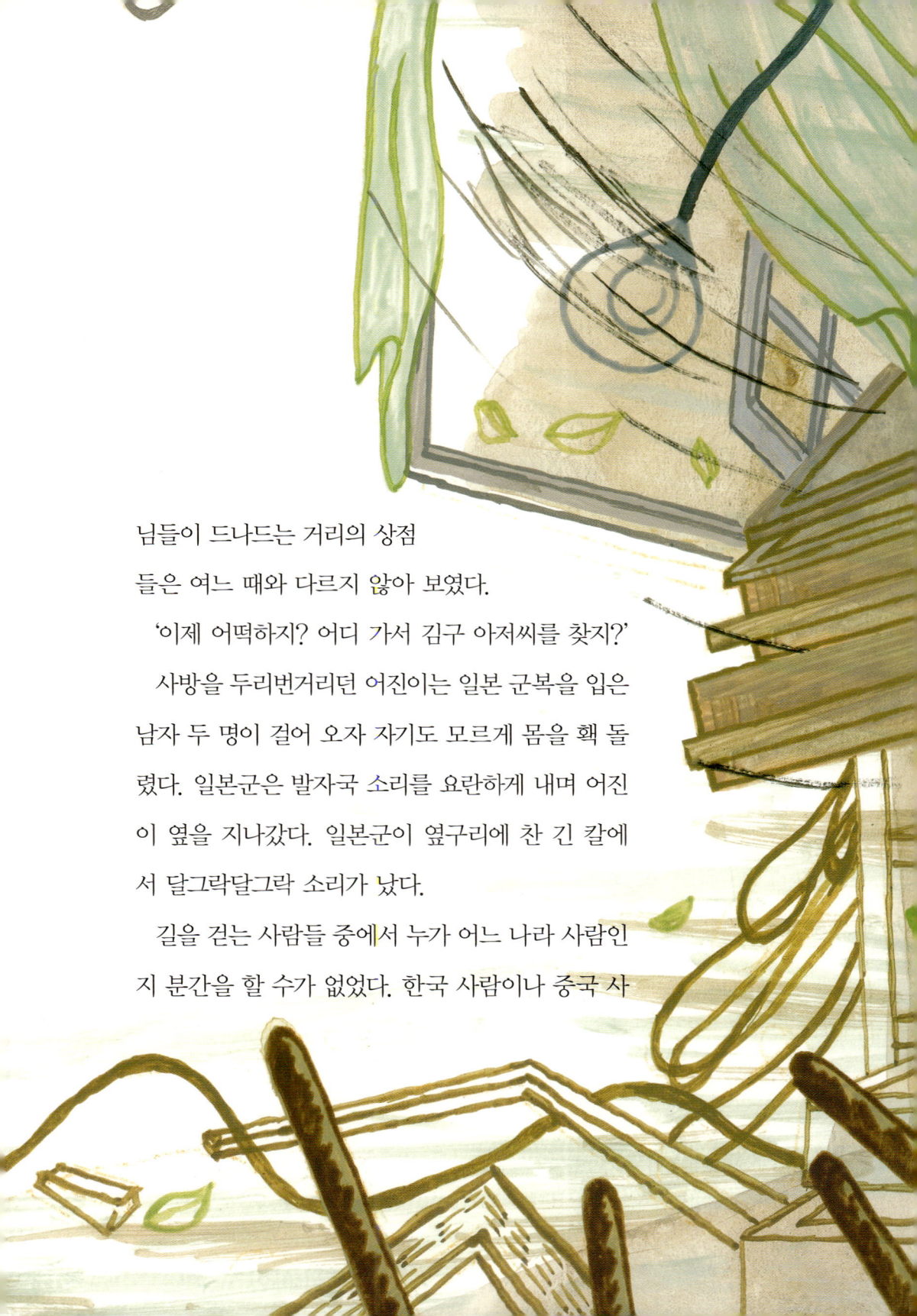

 님들이 드나드는 거리의 상점
들은 여느 때와 다르지 않아 보였다.
 '이제 어떡하지? 어디 가서 김구 아저씨를 찾지?'
 사방을 두리번거리던 어진이는 일본 군복을 입은 남자 두 명이 걸어 오자 자기도 모르게 몸을 홱 돌렸다. 일본군은 발자국 소리를 요란하게 내며 어진이 옆을 지나갔다. 일본군이 옆구리에 찬 긴 칼에서 달그락달그락 소리가 났다.
 길을 걷는 사람들 중에서 누가 어느 나라 사람인지 분간을 할 수가 없었다. 한국 사람이나 중국 사람이나 일본 사람이나 다 비슷하게 생겨서 선뜻 물어볼 수도 없었다. 잘못했다가 일본 형사에게 걸리면 큰일이었다.

어진이는 무작정 걷기 시작했다. 어딘가에서 분명히 김구 아저씨의 흔적을 만날 것 같은 막연한 예감이 들었다. 큰길을 따라 걷다가 좁은 길로 접어들었다. 무턱대고 헤맬 수도 없었지만 뾰족한 방법이 있는 것도 아니었다. 그렇게 한참을 걷고 있는데 아까부터 자동차 한 대가 뒤를 따라오는 것 같았다. 그 차는 임시 정부 청사 앞에서부터 느린 속도로 어진이를 따라오고 있었다.

어진이는 재빨리 골목으로 들어갔다. 그러자 자동차는 도로에 멈춰 섰다. 어진이는 골목으로 들어가자마자 무작정 달렸다. 차에서 내린 남자가 어진이를 따라 달려왔다.

얼마 못 가서 어진이는 그 남자에게 붙잡혔다. 도망가려고 발버둥치고 있는 어진이를 그 남자가 번쩍 들어올렸다.

"놔요, 놔 줘요."

어진이가 소리치자 그 남자가 한 손으로 어진이 입을 틀어막았다. 놀라서 보니 그 남자는 언젠가 김구 아저씨 사무실에 봤던 독립군이었다. 그제야 어진이는 마음을 놓았다.

그 남자는 어진이를 차에 태우고 한참을 어디론가 달려갔다. 어진이가 어디로 가냐고 물어도 아무 대답도 하지 않았다. 차는 어느 한적한 주택가에서 멈췄다.

"내려라."

어진이는 의심이 가득한 눈빛으로 주위를 두리번거리며 물어보았다.

"김구 아저씨는 어디 계셔요? 무슨 일 있는 건 아니죠?"

남자가 그제야 한숨을 내쉬더니 말했다.

"왜놈들이 급습을 했다. 주석님은 지금……."

남자는 더 이상 말을 못 하고 고개를 숙였다. 혹시 김구 아저씨에게 안 좋은 일이라도 생긴 것일까?

"어디 계시는데요?"

남자가 어진이 귀에 대고 낮은 목소리로 말했다.

"그렇지 않아도 주석님께서 네가 오면 데리고 오라고 하셨다. 날 따라오너라."

주위를 세심하게 살피던 남자는 아무도 보는 사람이 없는 것을 확인하고 차에서 내려 눈앞에 있는 이층집 문을 두드렸다. 이윽고 안에서 한 아주머니가 나와 문을 열어 주었다.

잘 가꾼 넓은 마당이 있는 집은 언뜻 보기에도 꽤 부잣집처럼 보였다. 집주인인 듯한 아주머니가 남자와 어진이를 집 안으로 안내했다.

김구 아저씨는 2층 작은 방에 누워 있었다. 얼굴은 한 달 전보다 핼쑥했고 고통이 심한지 얼굴을 잔뜩 찡그리고 있다가 어진이가 들어서자 겨우 웃었다.

"어진이 왔구나. 걱정했는데 잘 찾아왔다."

어진이는 김구 아저씨가 누워 있는 침대로 다가갔다. 누워 있는 김구 아저씨를 보니 눈물이 핑 돌았다.

"어떻게 된 거예요? 많이 아프세요?"

"괜찮아. 조금 다쳤다. 며칠 누워 있다가 거뜬히 일어날 거다."

"아저씨……."

어진이는 끝내 눈물을 흘리고 말았다. 어젯밤 자신이 김구 아저씨가 일본 형사에게 모진 고문을 받는 꿈을 꿔서 이렇게 된 것 같아 죄책감마저 들었다.

김구 아저씨가 어진이 손을 잡았다.

"울지 마라. 난 괜찮다. 비록 지금 **국가는 망했지만 인간은 망하지 않았다.** 인간마저 망하면 우린 모든 걸 영영 다 잃고 말 거다. 왜놈들은 우리 땅을 빼앗아 갔는지 몰라도 우리 정신은 빼앗아 가지 못한다."

어진이는 김구 아저씨를 보며 인간의 정신이 얼마나 강한지 깨달았다.

"네, 아저씨. 조금만 더 힘을 내세요. 이제 곧 해방이 될 거예요. 제가 책에서 읽었어요."

그 말에 김구 아저씨의 얼굴이 밝아졌다.

"당연하지. 나도 느끼고 있단다. 왜놈들이 요즘 독이 잔뜩 올라 설치고 다니는 걸 보면 알 수 있어. 그건 그렇고 어진아."

"네. 말씀하세요."

"이젠 여기 그만 오는 게 좋겠다. 지금 이곳은 너무 위험해. 우리도 왜놈들 눈을 피해서 숨어 다니고 있단다. 임시 정부도 이제 다른 곳으로 옮겨야 해."

어진이는 김구 아저씨와 이렇게 작별하고 싶지는 않았다.

"아저씨."

"넌 앞으로 잘 살아갈 테지만 꼭 기억해야 할 게 있어."

"뭔데요?"

"넌 아직 어리니 앞으로 살아갈 날이 모래알처럼 많을 거다. 그러니 겪어야 할 일들도 모래알처럼 많겠지. 그 긴 세월을 살아갈 동안 정신이 깨어 있지 않으면 사는 게 고되고 힘들어질 수도 있다. 물론 물질적으로 어려움을 겪는 거야 어쩔 수 없겠지. 하지만 어려운 일이 생길 때마다 그것을 극복하고 이겨 낼 수 있는 마음의 힘을 기른다면 훨씬 잘 살 수 있을 거다."

어진이는 고개를 끄덕였다. 김구 아저씨는 상처 때문에 고통스러워하면서도 조용조용 말을 이어 나갔다.

"사람들은 누구나 돈과 명예를 갖고 싶어 해. 그것을 가지면 다 가진 것으로 착각하고 양손에 돈과 명예를 쥐고 거들먹거리는 인간들이 많아. 누구든 일 등이 되고 싶어 하고 지도층이 되고 싶어 해. 하지만 돈과 명예만 쫓다 보면 가장 중요한 것을 놓치게 돼. 그게 뭔지 알겠니?"

어진이는 돈과 명예보다 중요한 게 뭘까 곰곰이 생각했다.

"모르겠어요."

"그건 바로 인간의 행복이야. 어차피 한 번만 사는 인생인데 불행하게 사는 것보다 행복하게 사는 게 낫지 않겠느냐?"

김구 아저씨 말이 옳다. 어차피 한 번 사는 거 불행하게 사는 것보다 행복하게 살고 싶다. 어진이는 고개를 끄덕였다.

"네. 저도 행복하게 살고 싶어요. 하지만 어떻게 사는 게 행복하게 사는 건지 잘 모르겠어요."

김구 아저씨가 힘없이 웃으며 말했다.

"당연하지. 넌 아직 어리니까 모르는 게 당연하다. 비록 지금은 나라를 빼앗겨서 이렇게 어려운 시대를 살지만, 너는 우리보다는 훨씬 더 좋은 환경에서 살게 되겠지. 하지만 풍족하고 좋은 환경에서 산다고 해서 다 행복하게 사는 건 아닐 게다."

"그럼 어떻게 살아야 행복하게 사는 거예요?"

"네가 진정으로 원하는 것, 네가 정말로 하고 싶은 것을 하며 살아야 돼. 그렇게 살기 위해서는 지금 네 나이에 꼭 결정해야 될 게 있어. 앞으로 살아갈 때 삶의 가치를 어디에 두느냐 하는 문제를 지금부터 고민해야 된다."

"제 삶의 가치요?"

"그래. 그건 정말 중요한 문제지. 내가 어떤 인간으로 살 것인가, 내가 무엇을 하며 살 것인가, 진정한 정의란 무엇인가 하는 문제를 늘 고민하면서 살아야 해. 그래야 삶에 실패가 없다. 아니 실패가 있더라도 덜 후회할 것이다. 무슨 말인지 알겠느냐?"

어진이는 고개를 갸우뚱거렸다.

"네가 만약 삶의 가치를 돈에 둔다면 넌 평생 돈만 쫓는 돈의 노예가 될 거야. 그리고 권력에 네 삶의 가치를 둔다면 넌 평생 권력을 잡기 위해 수단과 방법을 가리지 않게 될 거다. 그렇게 살다 보면 진정으로 네가 원하는 삶을 살 수가 없어. 뭔가의 노예로 살 뿐이지."

'나는 내 삶의 주인으로 살고 싶지 결코 노예로 살고 싶지 않아.'

어진이는 고개를 저었다.

"무슨 말씀인지 알겠어요. 아저씨 말씀대로 제 삶의 주인이 될 수 있게 노력할게요."

"그래. 넌 충분히 행복할 자격이 있어. 잘 살 거다."

김구 아저씨가 고개를 끄덕였다.

아까 어진이를 이곳으로 데리고 온 남자가 들어와 이제는 김구 아저씨가 쉬어야 한다고 말했다. 그렇지 않아도 김구 아저씨의 얼

굴이 창백해졌다. 어진이는 김구 아저씨의 손을 꼭 잡고 말했다.

"건강하셔야 해요, 아저씨. 꼭 이오! 약속해요."

김구 아저씨가 새끼손가락을 내밀며 말했다.

"알았다. 약속하마!"

어진이는 김구 아저씨와 아쉬운 작별 인사를 하고 밖으로 나왔다. 그 남자는 어진이를 예전의 임시 정부 청사 사무실까지 데려다 주었다.

어진이는 비밀의 문을 열고 현재로 나왔다.

집으로 돌아왔을 때 어쩐 일인지 초저녁인데도 부모님이 집에 있었다. 아빠는 식탁에서 술을 마시고 엄마는 방에서 울고 있었다. 뭔가 안 좋은 일이 일어난 게 틀림없었다.

그다음날도 또 그다음날도 부모님은 식당에 나가지 않았다. 결국 식당 문을 닫은 것이었다.

집안 분위기는 한동안 어둡고 우울했다. 아빠는 매일 술을 마셨고, 엄마는 그런 아빠에게 잔소리를 퍼부었다. 두 분이 싸우는 날도 많아졌다.

어느 날, 저녁 밥을 먹는 자리에서 아빠와 엄마는 앞으로 무엇을 할지 의논을 한다는 게 또 싸움으로 번지고 말았다. 늘 그런

식이었다. 처음에는 대화로 시작했다가 언제나 언성을 높이는 싸움으로 끝났다.

"정말 당신이랑 사는 거 지긋지긋해."

엄마가 먼저 소리를 질렀다. 아빠도 기다렸다는 듯이 소리쳤다.

"누가 할 소리! 식당이 망한 게 누구 때문인데?"

"그럼 나 때문이란 말이야?"

"당신이 식당 차리자고 해서 차린 거잖아."

"하자고 할 땐 좋다고 한 게 누군데?"

아빠 엄마의 싸움은 더욱 거칠어졌다. 어진이는 이러지도 못하고 저러지도 못하다가 슬쩍 자리에서 일어났다.

엄마가 어진이를 힐끔 보더니 아빠한테 핀잔을 줬다.

"애도 아빠를 닮아서 경제관념도 없이 돈을 펑펑 쓰고 다니잖아. 지난달 용돈도 열흘 만에 다 쓰고 또 타갔어."

어진이는 억울했다. 지난달에는 중학생 형들에게 돈을 다 빼앗기는 바람에 꼭 사야 할 학용품을 사려고 돈을 달라고 했던 것이었다.

아빠와 엄마는 돈 문제로 계속 싸웠다. 어진이는 옆에서 듣고만 있었다. 한참을 가만히 있던 어진이가 말했다.

"김구 아저씨가 그러는데요, 나라는 망했어도 인간은 망하면 안 됐댔어요. 인간마저 망하면 다 망하는 거라고요."

아빠 엄마가 어진이를 동시에 바라보았다. 어진이는 머쓱해진 얼굴로 재빨리 말했다.

"식당은 망했지만 아빠 엄마는 안 망했으면 좋겠어요. 그럼 다 망하는 거잖아요."

아빠 엄마는 아무 말도 하지 않았다. 어진이는 용기를 내서 마음속에 담아 두었던 고민을 고백하기 시작했다.

"저 사실은 오래전부터 중학생 형들한테 돈을 빼앗기고 있어요. 지난달 용돈도 몽땅 다 빼앗겼어요. 제 힘으로 어떻게든 해결해 보려고 했는데 잘 안 됐어요. 더 이상 돈 갖다 바치기 싫어요. 맞는 것도 무섭고요. 엄마 아빠가 도와주세요."

엄마가 놀라서 돌아앉으며 다그쳐 물었다.

"자세히 말해 봐. 그동안 무슨 일이 있었던 거야. 응?"

어진이는 엄마 아빠한테 그동안 형들에게 당한 일을 모두 이야기했다. 중학생들에게 돈을 바쳐야 해서 엄마 지갑에 한 번 두 번 손을 대다 보니 훔치는 게 습관이 됐던 것과, 김구 아저씨를 만나 더 이상 훔치지 않게 된 것까지 털어놓았다. 그리고 얼마 전까지 형들에게 맞았던 것까지 모두 말했다.

어진이의 이야기를 듣고 있던 엄마가 울기 시작했다. 아빠는 화가 난 얼굴로 주먹을 꽉 쥐었다.

"이런 나쁜 놈들."

"너 왜 그동안 아무 말도 안 했어."

부모님에게 다 털어놓고 나니 어진이는 마음이 가벼워졌다.

다음날 아빠 엄마는 중학생 형들을 찾아갔다. 중학생들을 한 명 한 명 일일이 만나서, 좋은 말로 타이르기도 하고 엄하게 혼내기도 했다. 중학생들은 엄마 아빠 앞에서 다시는 어진이를 괴롭히지 않겠다고 약속했다. 그리고 다음날부터 어진이 앞에 얼씬도 하지 않았다. 다른 애들 돈도 뜯지 않았다. 골목에서 완전히 사라진 것이다.

어진이는 만세라도 부르고 싶었다. 일본에게 삼십육 년 동안 지배를 받던 우리 민족이 맞이한 해방과는 비교도 안 되겠지만, 그 순간 만큼은 하늘로 날아갈 것처럼 홀가분하고 기뻤다.

그리운 김구 아저씨
• 머리가 되기보다 발이 되어라 •

　새로 올라간 6학년 교실은 어색한 기운이 감돌면서도 꽤나 소란스러웠다. 같은 반이었던 아이들은 서로 모여서 떠들어 댔고, 아는 친구가 없는 아이들은 소심한 표정으로 혼자 앉아 있었다.
　어진이는 5학년 때와는 완전히 달라졌다. 5학년 때까지는 늘 혼자 구석에서 어두운 얼굴로 앉아 있었다. 하지만 6학년이 된 지금은 어진이 주변으로 모이는 아이들이 꽤 많아졌다.
　어진이 덕분에 중학생 형들에게 더 이상 돈을 빼앗기지 않게 된 아이들이 가장 먼저 어진이에게 왔다. 어떤 아이는 어진이를 평생의 은인으로 삼겠다고도 했다.

어진이는 혼자 앉아 있는 아이들에게는 먼저 다가가서 말을 걸었다. 그러면 그 아이하고는 친구가 됐다.

그동안 많은 일이 일어났다. 아빠 엄마는 새로운 일을 시작했다. 바로 붕어빵 장사였다. 버스 정류장이 있는 삼거리에서 아빠는 붕어빵을 굽고 엄마는 그 옆에서 돈을 받았다. 식당을 할 때보다 몸은 더 힘들지만 마음은 더 행복하다고 했다.

친척들은 어진이가 예전에 비해 많이 밝아졌다며 그동안 무슨 일이 있었느냐고 놀라워했다. 어진이는 아무에게도 김구 아저씨를 만났던 일을 이야기하지 않았다. 들어도 믿지 않을 게 뻔하고 오히려 '거짓말쟁이'라고 놀릴 것 같았다.

어진이는 6학년이 되면 꼭 해 보고 싶은 게 있었다. 그건 바로 반장이었다. 지금까지는 한 번도 반장이나 임원이 될 생각을 하지 않았다. 반장은 공부도 잘 하고 모범적이고 리더십이 있는 아이들이나 하는 거라고 생각했다. 어진이는 그런 아이들과는 거리가 멀어도 한참 먼 아이였다.

하지만 6학년이 되면서 생각이 달라졌다. **'머리가 되기보다는 발이 되어라.'** 하고 말한 김구 아저씨의 말을 곰곰이 되새겨 보니, 머리가 아닌 발로 뛰는 일을 꼭 해 보고 싶었다.

반장 선거가 있는 날, 어진이는 용기를 내서 반장 후보에 손을 번쩍 들었다. 반 아이들이 놀란 얼굴로 어진이를 보았다. 선생님도 마찬가지였다.

"양어진 후보!"

선생님이 칠판에 어진이 이름을 적었다.

후보자는 어진이를 포함 모두 다섯 명이었다. 5학년 때까지 반장을 한 번도 놓치지 않았던 태기수도 후보에 이름을 올렸다.

반장 선거 연설 시간이 되자 태기수는 감동적인 연설을 했다. 그동안 반장을 하면서 자기가 했던 업적을 늘어놓았다. 경험이 많아서 반에서 일어나는 어떤 일도 척척 처리할 거라고 자신 있게 말했다. 아이들은 교실이 떠나갈 정도로 크게 박수를 치며 환호성을 질렀다.

어진이는 마지막 차례였다. 어진이는 앞에 나가서 말을 어떻게 해야 하는지도 몰랐다. 발표도 거의 해 본 적이 없어서 앞에 나갔을 때는 온몸이 모터를 달아 놓은 것처럼 부르르 떨렸다.

"제가 반장이 되면……. 제가 반장이 되면……."

머릿속이 하얗게 텅 비면서 어진이는 아무런 생각도 떠오르지 않았다. 선생님은 얼른 말하라고 재촉하는 신호를 보냈고 아이들은 지루하다는 얼굴로 바라보았다.

"제가 반장이 되면……. 머리가 되기보다는 발이 되겠습니다."

어진이는 간신히 입을 열었다.

"작년까지만 해도 저는 제가 이 세상에서 정말 쓸모없는 인간이라고 생각했습니다. 불만도 많았고 잘못을 부모님 탓, 남 탓으로 돌렸습니다. 그렇게 사는 제 삶은 결코 행복하지 않았습니다. 하지만 어떤 분을 만나고 나서 전 많이 변했습니다. 앞으로 어떻게 살아야 할지 제 나름의 철학을 가지게 되었고, 책을 읽는 근육을 키우게 되었습니다. 또 말보다 실천이 더 중요하다는 것도 깨달았고, 어떤 어려움도 이겨 내야만 한다는 정신도 갖게 되었습니다. 저의 이 깨달음을 여러분에게도 나누어 주고 싶습니다. 머리가 아닌 발로 뛰는 부지런한 반장이 되어 우리 반을 위해 열심히 일하겠습니다."

아이들은 의외라는 듯 놀란 얼굴로 박수를 쳤다.

후보들의 연설이 끝나자 반 아이들은 저마다 소신을 가지고 자기가 지지하는 후보의 이름을 투표용지에 적었다.

선거가 끝나고 개표가 시작되었다. 예상했던 대로 태기수에게 표가 몰렸다. 하지만 개표가 진행될수록 어진이 표가 계속 나왔다. 교실에는 어진이 표가 나올 때마다 "우아!" 하고 아이들의 함성이 쏟아졌다.

개표 결과 모두의 예상을 뒤엎고 두표 차이로 어진이가 반장에

당선됐다. 어진이와 모두가 놀란 결과였다. 태기수는 기분이 좋지 않았지만 정정당당하게 패배를 인정했고 어진이에게 와서 악수를 청했다.

어진이는 도저히 믿을 수가 없었다. 불과 일 년 전 자신의 모습과 지금의 모습은 정말 달라져 있었다.

수업이 끝나고 어진이는 학교를 빠져나와 달렸다. 이 기쁜 소식을 가장 먼저 김구 아저씨에게 전하고 싶었다. 김구 아저씨가 이 소식을 알면 얼마나 기뻐하실까? 아마 잘했다고 하실 거야. 앞으로 어떻게 해야 하는지도 말씀해 주실 거야.

비밀의 집 근처까지 달려왔을 때 어진이는 그 자리에 멈춰 서고 말았다.

비밀의 집이 사라져 버렸다.

분명히 녹슨 대문에 넓직한 이층 양옥집이 있던 자리에서 굴삭기 한 대가 땅을 파고 있었다. 그곳은 황량한 공터로 변해 버렸다. 넓은 공터에 세워진 팻말에는 높고 화려한 빌딩 그림이 그려져 있었다.

어진이는 작업복 차림으로 지나가던 아저씨에게 물었다.

"아저씨, 저기 있던 집 어디 갔어요?"

아저씨가 어진이를 빤히 보더니 피식 웃으며 말했다.

"어디 가긴 어디 갔겠니? 저기 있지."

아저씨가 가리킨 곳에는 폐자재를 잔뜩 실은 덤프트럭 한 대가 공터를 빠져나가고 있었다. 덤프트럭 위에는 부서진 벽돌과 나뭇조각들이 잔뜩 실려 있었다. 그 맨 위에 비밀의 집 푸른 색 대문이 올려져 있었다.

어진이는 얼이 나간 얼굴로 덤프트럭이 공터를 빠져나가 도로 쪽으로 사라질 때까지 지켜보았다. 이제 김구 아저씨를 만날 수 있는 비밀의 집이 영원히 사라지고 말았다.

'김구 아저씨는 상처는 다 나았을까? 일본 경찰들에게 쫓기고 있었는데 무사할까? 임시 정부는 안전할까? 조금 있으면 해방을 맞이하는데 그때까지는 어떻게든 버텨야 할 텐데.'

그런데 덤프트럭이 지나간 자리에 뭔가가 떨어져 있는 게 보였다. 나무 간판처럼 보였는데 글씨가 새겨져 있었다. 어진이는 그 나무판자를 들어서 자세히 보았다.

언젠가 김구 아저씨 사무실에서 이 글자를 본 적이 있었다. 어

　진이에게 김구 아저씨는 그 글자가 '철혈 남아'라고 가르쳐 주었다.
　"철혈남아가 무슨 뜻이에요?"
　"철혈은 철과 피라는 뜻이다. 철혈남아란 철과 피처럼 뜨겁게 몸을 던져서 살아야 한다는 뜻이지. 말로만 떠드는 게 아니라 몸을 던져 실천하는 사람이 되라는 뜻으로 내가 자주 쓰는 글씨

란다."

 어진이는 나무판에 묻은 흙을 옷으로 닦았다. 글씨가 더욱 선명해졌다. '철혈남아'라는 글씨에서 김구 아저씨의 활달하면서도 시원한 웃음소리가 들리는 듯했다.

 어진이는 마음속으로 생각했다.

 '아저씨, 고맙습니다. 아저씨가 해 주신 말씀 오래오래 기억하겠습니다.'

독립운동가이자 민족주의자인
김구는 어떤 사람일까?

덕소고등학교 역사 교사 원유상

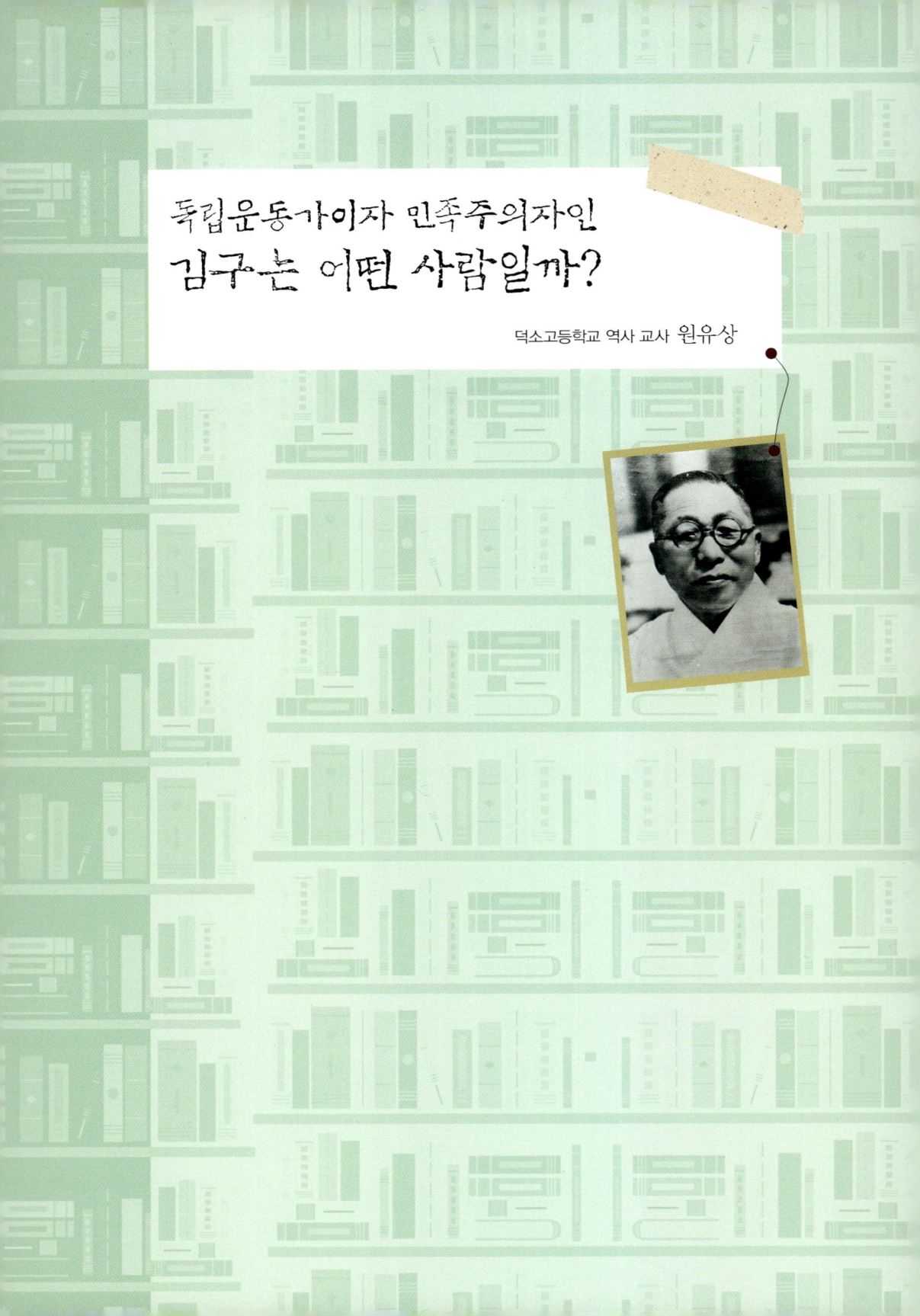

1. 김구의 생애

 가문을 일으키고 싶었던 아이

김구는 1876년 황해도 해주에서 가난한 상민의 아들로 태어났습니다. 김구의 가문은 원래 양반 가문이었는데 조선 시대에 김자점이라는 조상이 역적으로 몰리면서 상민으로 살아가게 되었습니다.

김구는 어려서부터 동네 양반들이 자기 집안을 무시하는 모습을 보고 자랐습니다. 집안 어른이 갓을 쓴 것을 본 동네 양반들은 상민이 감히 갓을 쓴다며 밟아 버리기도 했습니다. 그런 모습을 본 김구는 집안을 일으키기 위해 과거에 합격해야겠다고 생각했습니다.

김구는 아홉 살 때부터 한글과 한문을 배웠습니다. 양반의 모욕과 멸시에서 벗어나는 방법은 과거 합격 뿐이라고 생각하고 공부에 매진했습니다. 그리고 열일곱 살에 드디어 과거에 응시했으나 크게 실망했습니다. 과거장에는 과거에 합격하려고 관리에게 돈을 주는 사람들과 대신 과거를 보게 하려는 사람들로 가득했기 때문입니다. 결국 김구는 과거에 합격해 집안을 일으키겠다는 생각을 접었습니다.

 동학 농민 운동과 의병에 나서다

1893년, 열여덟 살이 되던 해 김구는 동학에 몸을 담게 되었습니다.

당시 동학은 보국안민(나랏일을 돕고 백성을 편안하게 함)을 내세우던 민족 종교였습니다. 이때부터 김구의 구국(위태로운 나라를 구하는 일)을 위한 삶이 본격적으로 시작되었습니다.

1894년 동학 농민 운동이 일어났을 때, 황해도 팔봉 접주였던 김구는 동학 농민군을 이끌며 해주성을 공략하는 등 탐관오리와 외세를 내쫓는 일에 적극적이었습니다. 하지만 동학 농민 운동이 좌절되면서 동학 세력이 뿔뿔이 흩어지고 김구도 몸을 피해야 했습니다. 그때 신천군 안태훈의 집에 머물렀는데 그곳에서 안중근을 만났습니다. 안중근은 안태훈의 아들이었습니다.

당시는 곳곳에서 의병 운동이 일어나고 있었습니다. 일본에게 명성 황후를 시해한 원수를 갚고 일본 앞잡이들을 처단하자는 뜻이 한데 모인 것이었습니다. 김구도 김이언 의병장이 지휘하는 의병 부대에 들어가 적극적으로 활약했지만 의병 부대가 패하면서 고향으로 돌아가야 했습니다.

치하포 의거로 감옥에 갇히다

1896년 초, 김구는 대동강 치하포의 주막에서 한 일본인을 보게 되었습니다. 김구는 그 사람이 명성 황후 시해를 주도한 미우라 공사이거나, 그에 관여한 사람임이 분명하다고 생각해 그 일본인을 처단했습니다. 하지만 그는 일본군 중위 '쓰치다'였습니다. 이 사건이 바로 치하포 의거입니다.

그리고 얼마 뒤 김구는 쓰치다 중위 살인죄로 체포되어 해주 감옥에 갇히게 되었습니다. 이 사건으로 김구는 사형 판결을 받았으나, 고종의 도움으로 간신히 사형을 면하고 감옥에서도 가까스로 탈출했습니다.

 신민회에서 활동하다

감옥을 탈출한 김구는 신분을 속이려고 미곡사라는 절에 들어가 승려 생활을 했습니다. 그렇게 일 년 정도 지나 다시 세상으로 나온 김구는 1904년 최준례와 결혼해 가정을 꾸렸습니다. 그리고 조국을 위기에서 구하기 위해서는 백성의 민족의식을 높여야 한다고 생각해 교육 운동에 나섰습니다. 또한 안창호 등과 비밀 구국 운동 단체인 신민회에서 활동하기도 했습니다. 하지만 1910년 일제가 우리나라의 국권을 강탈하면서 김구에게 시련이 닥쳤습니다. 1911년 신민회를 조사하던 일제는 조선 총독 암살 모의에 관련되어 있다며 김구를 체포해 감옥에 가두었습니다.

 대한민국 임시 정부에서 활동하다

모진 감옥 생활을 마친 김구는 1919년 삼일 운동 이후 중국 상하이로 망명해 대한민국 임시 정부의 초대 경무국장이 되었습니다. 임시 정부는 일제의 방해 공작과 내부 분열 등으로 갖은 어려움을 겪었습니다. 김구는 침체된 대한민국 임시 정부의 상황을 극복하고, 일제에게 타격을 주기 위해 1931년에 한인 애국단을 조직했습니다. 이 단체는 애국 청년들의 의거 단체였습니다. 당시 단원이었던 이봉창은 일본 도쿄에서 국왕 마차를 향해 폭탄을 던졌습니다. 이 의거는 실패했지만 일제에게 큰 충격을 주었고, 중국 등 여러 나라에서 우리나라의 독립운동에 관심을 갖는 계기가 되었습니다. 얼마 뒤 한인 애국단의 단원인 윤봉길도 김구의 지시로 상하이 홍커우 공원에서 일제의 관료와 군인들에게 폭탄을 던졌습니다.

이처럼 김구가 주도한 한인 애국단의 의거는 우리 민족의 독립 의지를 다시 한 번 세상에 일깨웠습니다. 또한 중국 국민당 정부가 대한민국 임시 정부를 지원하게 되는 계기가 되기도 했습니다.

 한국 광복군을 이끌다

1940년 김구는 대한민국 임시 정부의 주석이 된 김구는 임시 정부의 직속 부대로 한국 광복군을 조직했습니다. 일본과 싸우기 위해 강력한 부대를 만든 것입니다. 그리고 1941년 일본에게 선전 포고를 했습니다. 당시는 세계 연합군이 전쟁을 일으킨 독일, 이탈리아, 일본 등을 상대로 전투를 벌이고 있을 때였습니다. 김구는 우리 민족도 연합

군의 일원으로 싸운다는 것을 만천하에 알릴 필요가 있다고 생각하고 공식적으로 일본에 선전 포고를 한 것입니다.

또한 한국 광복군을 미얀마로 보내어 영국군을 돕도록 했습니다. 이밖에 미국군의 협조를 받아 한국 광복군을 한반도로 진입시키려는 작전을 준비하기도 했습니다. 이처럼 1940년대 대한민국 임시 정부의 활발한 활동 뒤에는 김구가 있었습니다.

 통일 정부를 수립하려는 노력

1945년 8월 15일, 우리 민족은 꿈에 그리던 광복을 이루었습니다. 하지만 김구의 얼굴은 밝지 않았습니다. 한국 광복군이 한반도에서 진입하기 전, 일본이 미국과 소련 등 강대국에게 항복했기 때문이었습니다. 이 일로 미국군과 소련군은 삼팔선을 경계로 한반도를 나누어 통치했습니다. 한반도 남쪽을 통치하던 미군정은 대한민국 임시 정부를 인정하지 않았습니다. 김구는 1945년 11월 23일, 임시 정부의 주석이 아닌 개인 자격으로 국내에 들어와야 했습니다.

그 뒤 한반도는 미국과 소련의 이념 대결 때문에 남과 북으로 나뉘어 대립하게 되었습니다. 김구는 어떤 일이 있어도 남북 분단은 막아야 한다고 생각해 통일 정부가 수립되도록 노력했습니다. 북쪽을 방문해서 북쪽의 지도자를 설득했지만 남과 북은 결국 갈라지고 말았습니다.

 민족의 큰 별이 지다

남과 북에 각각의 정부가 들어선 뒤에도 통일 정부를 향한 김구의 염원은 계속되었습니다. 통일 정부를 이루기 위한 일에 남은 평생을 바칠 것을 다짐했지만 김구에게 죽음의 그림자가 들이닥쳤습니다. 1946년 6월 26일, 김구를 비판한 육군 소위 안두희가 김구에게 총을 쐈고, 결국 김구는 서거했습니다. 많은 국민이 김구의 죽음을 슬퍼했고 장례식은 국민장으로 치러졌습니다. 그렇게 우리 민족의 큰 별이 지고 말았습니다.

2. 김구의 사상

 투철하고 당당한 애국심

김구에 대해 이야기할 때 투철하고 당당한 애국심을 빼놓을 수는 없습니다. 치하포 의거가 대표적인 예로 당시 김구의 나이는 스물한 살이었습니다. 청년 김구는 치하포 의거로 일본 장교 쓰치다를 처단한 후에도 무척 당당했습니다. 자신이 한 일이 정의로운 일이라고 믿었기 때문입니다. 그래서 '국모의 원수를 갚기 위해 왜놈을 죽였다.'라는 말과 함께 김구는 자신의 이름을 적은 종이를 거리에 붙였습니다.

신민회 활동으로 감옥에 갇혔을 때 김구는 모진 고문을 받아 죽음 직전에 이르렀을 때도 이렇게 말했습니다.

> "저놈 일본 경찰은 이미 먹은 나라를 삭히려기에 밤을 새거늘 나는 제 나라를 찾으려는 일로 몇 번이나 밤을 새웠던고 하고 스스로 돌아보니 부끄러움을 금할 수가 없고, 몸이 바늘방석에 누운 것과 같아서 스스로 애국자인 줄 알고 있던 나도 기실 망국민의 근성을 가진 것이 아닌가 하니 눈물이 눈에 넘쳤다."
>
> _《백범일지》 중에서

고통과 죽음이 눈앞에 있는 순간에도 김구의 투철하고 당당한 애국심은 더욱 빛을 발했습니다.

 ### 평범한 사람도 애국하는 그 날을 위해

김구의 호는 백범입니다. 일제 강점기에 신민회 사건으로 감옥에 있던 김구는 자신의 호를 '백범(白凡)'이라고 했습니다. '백(白)'은 당시에 여전히 천한 취급을 받던 '백정'의 앞 글자를 딴 것입니다. '범(凡)'은 아주 평범한 사람을 뜻하는 '범부'의 앞 글자를 딴 것입니다. 김구는 이렇게 미천하고 평범한 사람들도 최소한 나 정도의 애국심을 가져야 독립을 이룰 수 있다고 생각했습니다. 다시 말해 나 혼자만 애국한다고 되는 일이 아니라, 우리 민족 전체가 애국하는 마음을 가질 때 독립의 소원이 이루어진다고 생각한 것입니다.

이처럼 우리 동포의 애국심을 드높이기 위해 모범을 보이며 살아가겠다는 김구의 다짐이 백범이라는 호에 담겨 있답니다.

 ### 자유를 강조한 김구

김구는 자신의 정치 이념에 대해 한 마디로 이야기하면 '자유'라고 했습니다.

"우리가 세우는 나라는 자유의 나라여야 한다. …… 나는 어떠

한 의미든지 독재 정치를 배격한다. 나는 우리 동포를 향해서 부르짖는다. 결코 독재 정치가 아니 되도록 조심하라고. 우리 동포 각 개인이 십분의 언론 자유를 누려서 국민 전체의 의견대로 되는 정치를 하는 나라를 건설하자고. 일부 당파나 어떤 한 계급의 철학으로 다른 다수를 강제함이 없고, 또 현재의 우리의 이론으로 우리 자손의 사상과 신앙의 자유를 속박함이 없는 나라와, 그러면서도 사랑의 덕과 법의 질서가 우주 자연의 법칙과 같이 준수되는 나라가 되도록 우리나라를 건설하자고."

_〈나의 소원〉 중에서

김구는 어려서부터 양반 중심의 신분제 사회에서 권력의 부조리와 불평등한 사회 현실을 경험했습니다. 또한 일제 강점기에 민족의 삶과 인간으로서의 권리가 구속당하는 현실도 지켜보았습니다. 그래서 자유의 소중함을 누구보다 잘 알고, 인간의 보편적 가치 중에 자유가 가장 큰 의미가 있다고 생각했습니다. 그리고 진정한 자유란 사랑의 덕과 법의 질서가 유지되는 자유, 즉 '책임감이 있는 자유'라고 주장한 것입니다.

큰 뜻을 이루기 위한 포용의 정신

자신과 의견을 달리하는 사람과 무슨 일을 함께 하는 것은 쉽지 않습니다. 하지만 김구는 큰 뜻을 이루기 위해서는 반드시 포용해야 한다는 생각이 확고했습니다. 이러한 김구의 신념은 종교관에도 잘 나타나 있습니다. 스스로 유학, 동학, 기독교 등을 두루 접했기 때문에 김구는 특정 종교에 대한 편견이 없었습니다. 오히려 민족의 독립을 위하는 일에 종교적 경계는 없어야 한다고 생각했습니다.

또한 김구는 개인의 자유와 권리가 보장되어야 한다고 생각하는 자유주의자였습니다. 그렇다고 해서 사회주의를 강조하는 사람들을 배척하지도 않았습니다. 민족의 독립, 그리고 광복 이후 통일 정부를 수립하기 위해 모두 함께 해야 할 사람들이라 생각한 것입니다.

이렇게 김구는 포용에 대한 신념을 행동으로 보여 주었습니다. 대한민국 임시 정부를 이끌면서 생각이 다른 사람들과도 손을 잡기 위해 끊임없이 노력했습니다. 특히 1940년대에는 김원봉 등 사회주의 성향이 강한 사람들과 단체를 임시 정부에 들어오게 했습니다. 그들에게도 중요한 역할을 맡겼고 그로 인해 대한민국 임시 정부의 독립운동 역량을 더 키울 수 있었습니다.

3. 김구의 삶에서 배울 점

김구는 평생을 조국의 독립과 통일 정부 수립을 위해 살아왔습니다. 그러한 애국적인 삶과 신념은 김구가 쓴 〈나의 소원〉이라는 글에 잘 나타나 있습니다.

네 소원이 무엇이냐 하고 하느님이 물으시면 나는 서슴지 않고 '내 소원은 대한독립이오.' 하고 대답할 것이다. 그 다음 소원이 무엇이냐고 하면 나는 또 '우리나라의 독립이오.'라고 할 것이오. 또 그 다음 소원이 무엇이냐고 하는 세 번째 물음에도 나는 더욱 소리를 높여서, '나의 소원은 우리나라의 완전한 자주독립이오.'라고 대답할 것이다.

동포 여러분! 나 김구의 소원은 이것 하나밖에 없다. 내 과거의 칠십 평생을 이 소원을 위해 살아왔고, 현재에도 이 소원 때문에 살고 있고, 미래에도 나는 이 소원을 달하려고 살 것이다. 독립이 없는 백성으로 칠십 평생에 설움과 부끄러움과 애탐을 받은 나에게는, 세상에 가장 좋은 것이 완전하게 자주독립한 나라의 백성으로 살아 보다가 죽는 일이다. 나는 일찍이 우리 독립 정부의 문지기가 되기를 원했거니와, 그것은 우리나라가 독립국만 되면 나는 그 나라에서 가장 미천한 자가 되어도 좋다는 뜻이다. 왜 그런고 하면 독립한 제 나라의 빈천이 남의 밑에 사는 부귀보다 기쁘고, 영광스럽고, 희망이 많기 때문이다.

누군가 우리에게 소원이 뭐냐고 물어보면 금방 대답할 수 있는 사람은 그리 많지 않을 것입니다. 하고 싶은 것, 갖고 싶은 것이 너무 많아 어느 하나를 가리키기 어렵기 때문입니다. 하지만 김구는 당당하게 첫째도 둘째도, 그리고 셋째도 모두 우리나라의 독립이라고 말했습니다. 김구의 삶은 애국심으로 똘똘 뭉쳐 있었던 것입니다.

김구의 애국심은 어떤 대가를 기대한 것이 아니었습니다. '우리나라가 독립국만 되면 나는 그 나라에 가장 미천한 자가 되어도 좋다.'라고 말한 것만 봐도 알 수 있습니다. 세상을 살다 보면 어떤 대가를 노리는 행동을 하는 사람들이 많은 것도 사실입니다. 그러기에 김구의 순수한 애국심이 더 빛나 보이는 것입니다.

통일하면 살고 분열하면 죽는 것은 옛날과 오늘날의 철칙이니, 자기의 생명을 연장하기 위해 조국의 분열을 연장시키는 것은 전 민족을 죽음의 구렁텅이에 넣는 극악 극흉의 위험한 일이다. …… 나는 통일된 조국을 건설하려다가 삼팔선을 베고 쓰러질지언정, 일신에 구차한 안일을 취하여 단독 정부를 세우는 데에는 협력하지 아니하겠다.

　위의 글은 1948년 2월에 김구가 쓴 〈삼천만 동포에게 읍고함〉이라는 글입니다. '삼팔선을 베고 쓰러질지언정'이라는 구절을 통해 김구의 절절한 심정을 잘 알 수 있습니다. 이 글이 나올 당시는 북한이 유엔이 제시한 한반도 총선거를 거부하면서, 남과 북에 각각 정부가 생기기 직전의 상황이었습니다. 이 글을 쓰고 김구는 얼마 뒤 통일 정부 수립을 위해 북쪽의 지도자를 만나러 갔습니다. 하지만 그 회담은 성과가 없었습니다. 그래도 김구는 끝까지 조국의 통일 정부 수립을 위해 온 힘을 다했고 지푸라기 하나라도 잡으려고 했습니다.

　십 대 시절부터 동학에 가입하며 구국 운동에 나서고, 말년에 통일 정부 수립을 위해 자신의 모든 것을 걸었던 김구는 나라를 위해 평생을 바쳤습니다. 이러한 김구의 삶을 살아가는 태도는 우리가 배워야 할 큰 가르침입니다.

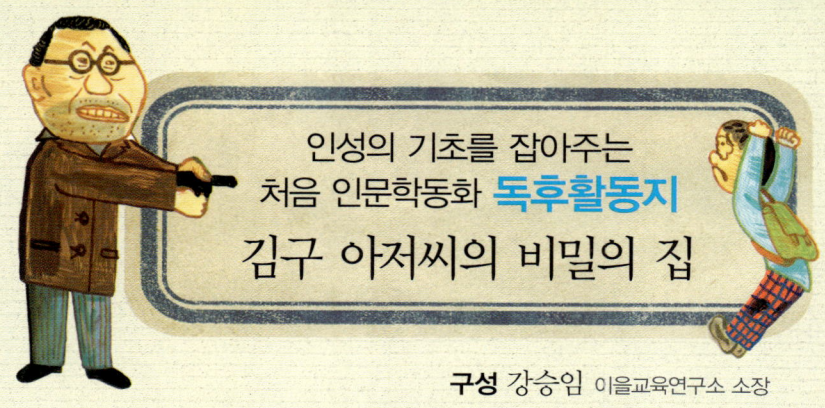

구성 강승임 이을교육연구소 소장

인성의 기초를 잡아주는 처음 인문학동화 **독후활동지**,
인성 발달에 어떤 도움이 될까?

사람이 사람답게 사는 방법을 연구하는 학문이 인문학이라면, 인문학은 이제 막 인격이 형성되어 가는 어린이들에게 가장 필요한 학문일 것입니다. 인문학의 근본은 남을 이해하고 배려하는 마음, 바로 '바른 인성'을 키우는 것에 있으니까요.
인성의 기초를 잡아주는 처음 인문학동화 독후활동지를 한 문제 한 문제 풀어 가다 보면 어린이들이 살아가면서 맞닥뜨릴 많은 문제를 스스로 판단하고 해결할 수 있는 힘, 즉 바른 인성을 바탕으로 한 생각의 힘을 기를 수 있을 것입니다. 또한 비판적인 글쓰기를 통해 자신의 생각을 올바르게 표현하는 방법을 익힐 수 있습니다.

〈인성의 기초를 잡아주는 처음 인문학동화 독후활동지〉는
이렇게 구성돼요.

I. 기초 인성 기르기 동화 내용의 이해

동화 각 장의 소제목이기도 한 미켈란젤로의 교훈을 점검해 보고, 동화 속에는 그 내용이 어떻게 적용되었는지 적어 보면서 바른 인성을 키웁니다.

II. 인성 다지기 이해와 비판

동화를 통해 익힌 인문학적 덕목들을 친구들과 토론해 보고 글로 써 보며 생각을 넓히고, 동화 속에서 느낀 점을 자신의 경험과 맞물려 표현하는 능력을 키웁니다.

III. 인문학 인물 탐구 – 김구

부록의 내용을 바탕으로 김구의 삶을 이해하고, 김구의 삶에서 오는 교훈이 현대 사회에 어떤 도움이 되는지 적어 보며 논리적 사고를 키웁니다.

학부모 및 교사용 도움말

교과연계	〈3학년 1학기 국어❸〉 7. 아는 것을 떠올리며 원인과 결과가 드러나게 말하고, 알맞은 낱말을 사용하여 글을 쓸 수 있다. 〈4학년 1학기 국어❸〉 9. 생각을 나누어요 서로 다른 의견을 비교하며 자신의 생각과 느낌을 이야기할 수 있다. 〈5학년 1학기 국어㉮〉 1. 인물의 말과 행동 생각의 근거를 마련하는 방법을 익혀 찬성하거나 반대하는 글을 쓸 수 있다. 〈5학년 1학기 국어㉮〉 12. 문학에서 찾는 즐거움 자신을 긍정적으로 생각하고 삶의 목표를 이루기 위해 노력할 수 있다.

I. 기초 인성 기르기 동화 내용의 이해

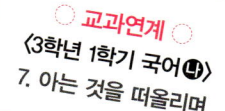

《김구 아저씨의 비밀의 집》 본문에는 각 장마다 어린이 여러분께 전하고자 하는 김구의 교훈을 소제목으로도 적어 두었어요. 동화 내용을 다시 한 번 떠올려 보며 아래 질문들에 답해 보세요. 적는 동안 자연스럽게 어린이 여러분 마음속에도 인문학적 인성이 차곡차곡 쌓일 거예요.

1. 김구 아저씨는 어진이에게 도둑질을 그만두려면 어떤 공부를 해야 한다고 했나요?

_____
_____
_____
_____
_____
_____

2. 김구 아저씨는 어떻게 해서 독립운동을 하겠다고 결심했나요?

_____
_____
_____
_____
_____
_____
_____
_____

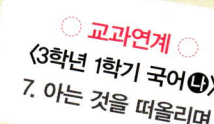

3. '좋은 얼굴보다 좋은 몸이 더 낫고 좋은 몸보다 좋은 마음이 더 낫다.'는 말의 뜻을 설명해 보세요.

_____
_____
_____
_____
_____
_____
_____

4. '뭉우리돌 정신'이란 무엇인가요? 어진이가 중학생들에게 괴롭힘을 당하는 상황을 예로 들어 설명해 보세요.

_____
_____
_____
_____
_____
_____
_____

> 교과연계
> 〈3학년 1학기 국어 ❹〉
> 7. 아는 것을 떠올리며

5. 김구 아저씨는 일제의 탄압을 받는 자신을 걱정하는 어진이에게 국가는 망했지만 인간은 망하지 않았다고 안심시킵니다. 그렇게 말한 이유는 무엇인가요?

_____
_____
_____
_____
_____
_____
_____

6. 김구 아저씨의 사무실이 사라진 자리에 '鐵血男兒(철혈남아)'라고 새겨진 나무판이 떨어져 있었습니다. 무슨 뜻인가요?

_____
_____
_____
_____
_____
_____
_____

II. 인성 다지기 이해와 비판

> 교과연계
> 〈4학년 1학기 국어 ❹〉
> 9. 생각을 나누어요

앞에서 살펴본 동화 내용을 바탕으로 사고를 확장시켜 볼 거예요. 아래 문제들을 친구들과 함께 토론해 보세요. 나와는 다른 다양한 입장과 해결 방안이 있다는 걸 깨닫게 될 거예요. 또한 동화를 읽고 느낀 점을 자신의 경험과 연결하여 글로 써 보세요. 나를 더 잘 표현할 수 있는 좋은 연습이 될 거예요.

【친구들과 토론해 봐요】

1. 어진이는 집에서나 학교에서나 문제아 취급을 받았습니다. 누구에게 진짜 잘못이 있는지 생각해 보세요.

> - 어진이에게 잘못이 있다.
> - 어진이를 문제아로 대하는 선생님과 부모님에게 잘못이 있다.

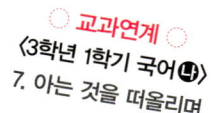

2. 어진이는 중학생들에게 괴롭힘을 당합니다. 내가 이런 상황에 처한다면 어떻게 대처할지 토론해 보세요.

① 중학생들이 스스로 그만둘 때까지 도망 다니면서 기다린다.
② 맞더라도 당당히 맞서 싸운다.
③ 어른들에게 도움을 요청한다.
④ 친구들과 함께 다닌다.

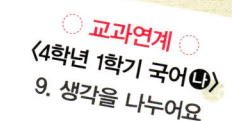

【자신의 경험을 글로 써 봐요】

3. 김구 아저씨는 다른 사람을 사랑하려면 먼저 나를 사랑해야 한다고 말합니다. 김구 아저씨가 말한 나를 사랑한다는 건 나를 어떻게 대하라는 뜻인가요? 예를 들어 설명해 보세요.

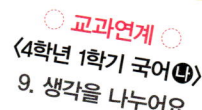

4. 김구 아저씨는 나라의 독립을 위해 죽기를 각오하고 맞섰어요. 김구 아저씨처럼 우리가 나라를 위해 할 수 있는 일이 무엇인지 구체적으로 써 보세요.

III. 인문학 인물 탐구 – 김구

동화를 읽고 '김구 아저씨는 어떤 분일까' 하는 궁금증이 생겼나요? 이제 부록에 소개된 김구 아저씨의 삶과 사상을 복습해 볼 거예요. 부록을 꼼꼼히 읽고 문제를 풀어 보세요.

교과연계
〈5학년 1학기 국어 가〉
1. 인물의 말과 행동

1. 김구는 왜 과거를 보고 관리가 되려던 뜻을 접었나요?

2. 김구의 호는 '백범'입니다. 무슨 뜻으로 지은 건가요?

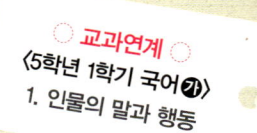

3. 김구는 한인애국단을 조직하여 이봉창 열사와 윤봉길 의사에게 중요한 임무를 맡겼습니다. 각각 어떤 임무였나요? 결과도 써 보세요.

_____
_____
_____
_____
_____
_____
_____

4. 김구는 우리나라가 '자유의 나라'가 되기를 소망했습니다. 김구가 말하는 자유의 나라란 어떤 나라인가요?

_____
_____
_____
_____
_____
_____
_____
_____

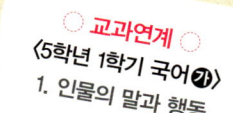

5. 김구의 삶에서 배울 점이 무엇인지 생각해 보세요.

학부모 및 교사용 도움말

I. 기초 인성 기르기 동화 내용의 이해

1. 국어, 산수(수학) 같은 학교 공부가 아니라 철학 공부를 하라고 했다. 여기서 김구 아저씨가 말하는 철학이란, 어떤 일에 올바른 판단을 내릴 수 있는 자기 자신의 생각이다. 철학이 있으면 남들에게 뽐내고 싶은 마음으로 행동하지 않고 당당하고 주체적으로 행동할 수 있다. 김구 아저씨는 철학자와 문학가들이 쓴 책을 읽으며 어떻게 살아야 할지 무엇이 옳고 그른지 깨달아야 한다고 말했다.

2. 일제의 강제 지배에서 벗어나려면 단순히 울분을 토하거나, 반대로 침묵만 해서는 안 되고 실천을 통해 저항해야 한다고 판단했기 때문이다. 김구 아저씨는 당시 삼일 운동이 실패하는 것을 보고 임시 정부를 세워 좀 더 조직적으로 저항해야 한다고 생각했다.

3. 얼굴이 예쁘고 잘생기면 사람들에게 금방 호감을 사 원하는 것을 쉽게 얻을 수 있다. 하지만 몸이 건강하지 않으면 얼굴이 잘나도 막상 일을 제대로 할 수 없다. 그래서 살아가려면 좋은 얼굴보다 좋은 몸이 낫다. 그런데 이 또한 충분하지 않다. 만일 마음이 좋지 못하면 어떤 일을 해도 좋은 결과가 나오지 않을 것이다. 마음을 올바로 가꿔야만 제대로 살 수 있다. 그래서 좋은 마음이 좋은 몸보다 나은 것이다.

4. 김구 아저씨는 어진이가 중학생들에게 돈을 빼앗기면서도 대항하지 못하는 걸 보고 물러서지 말고 용기 있게 맞서라고 한다. 뭉우리돌은 논밭에 파묻혀 있는 동글동글한 돌이다. 일제는 우리 독립지사들을 잡아들이면서, 논밭의 주인이 뭉우리돌을 뽑아 버리는 것처럼 독립지사들을 탄압하는 것이 당연하다고 말했다. 그래서 김구는 절대 뽑히지 않는 뭉우리돌이 되겠다고 다짐했다. 왜냐하면 논밭의 주인은 우리이기 때문이다. 그래서 더 용기 있게 일본에 대항할 수 있었다. '뭉우리돌 정신'은 절대 굴하지 않는 용기라고 할 수 있다.

5. 비록 땅은 일제에 빼앗겼지만 정신은 빼앗기지 않았기 때문이다. 아무리 힘들어 정신이 깨어 있으면 극복하고 이겨 낼 수 있다는 뜻이다. 그리고 누구의 노예도 되지 않고 자기 자신이 주인으로 당당하게 살 수 있다. 그러려면 돈이나 명예에 삶의 가치를 둘 것이 아니라 내가 진정으로 원하는 것이 무엇인지 찾아 그걸 하며 후회 없이 살아야 한다.

6. 철과 피처럼 뜨겁게 몸을 던져서 살아야 한다는 뜻이다. 말로만 떠드는 게 아니라 발로 직접 뛰어다니며 몸을 던져 실천하는 사람이 되라는 뜻이다.

II. 인성 다지기 이해와 비판

1. 어진이에게 잘못이 있다 : 어진이는 학교를 종종 빠지고 지각을 하고 친구들의 물건을 훔치기도 했다. 한 마디로 규칙을 어기고 비도덕적인 행동을 한 것이다. 동기가 어떻든 이런 문제를 일으키면 당연히 주변 사람들은 어진이를 문제라고 생각할 것이다. 따라서 어진이에게 근본 잘못이 있다.

    어진이를 문제아로 대하는 선생님과 부모님에게 잘못이 있다 : 어진이가 처음부터 의도적으로 잘못을 저지른 게 아니다. 어진이는 처음에는 좋은 의도였는데, 그것이 실수가 되어 나쁜 평가를 받게 되었다. 이것이 되풀이되다가 결국 문제아로 낙인찍히게 된 것이다. 그 후 어진이는 아예 바르게 행동하는 것을 포기해 버렸다. 좋은 의도로 행동해도 어차피 돌아오는 것은 벌과 매였기 때문이다. 따라서 어진이의 마음을 알지 못하고 몇 가지 행동만으로 문제아로 낙인찍어 버린 선생님과 부모님에게 잘못이 있다.

2. ① 형들이 스스로 그만둘 때까지 도망 다니면서 기다린다. 혼자서 여러 명을 상대하는 것은 어렵고 괜히 덤비거나 어른들에게 말하면 보복당할 수도 있기 때문이다. 이럴 땐 더 큰 문제를 만들지 말고 피하는 것이 상책이다.
    ② 맞더라도 당당히 맞서 싸운다. 계속 피하기만 하면 문제가 근본적으로 해결되지 않는다. 불의에는 맞서 싸우는 것이 당연하고, 내 몸은 내가 지킬 수 있어야 한다. 당당하게 맞서 싸운다면 상대도 오히려 나를 무시하지 못할 것이다.
    ③ 어른들에게 도움을 요청한다. 어린이 혼자 이런 일을 해결하는 것은 불가능하다. 하루빨리 어른들에게 알려 도움을 구한다. 부모님과 선생님에게 알려 보호를 받아야 한다.
    ④ 친구들과 함께 다닌다. 혼자 다니지 않고 여럿이 몰려다니면 그들도 어쩌지를 못한다. 왜냐하면 수가 많으면 누구나 두려움을 느끼기 때문이다. 그래서 이런 상황이 생기면 친구 대여섯 명과 항상 함께 다니면서 그들의 접근 자체를 막는다.

3. 나를 귀한 존재로 여기고 대단한 존재로 대하라는 뜻이다. 예를 들어 우리가 누군가와 어떤 약속을 했을 때, 그가 아주 유명하고 지위가 높은 사람이라면 어떤 상황에서도 그 약속을 지키려고 할 것이다. 반면, 내가 무시하는 사람이라면 그 사람과의 약속까지 하찮게 여겨 지키려는 노력을 하지 않는다. 또 값진 물건이 있으면 잃어버리지 않게 소중히 간직한다. 반대로 쓸모없다고 여기는 물건에 대해서는 흠이 나든 말든 잃어버리든 말든 신경 쓰지 않는다. 따라서 나를 사랑한다면 나와의 약속을 잘 지키고 나를 소중히 여길 것이다.

4. 나라를 위한 할 수 있는 일은 많다. 꼭 목숨을 바쳐 나라를 구하는 일 말고도 일상생활 속에서 작은 실천들을 할 수 있다. 예를 들어 쓰레기를 버리지 않는 것도 나라 사랑을 실천하는 한 방법이다. 이는 우리 국토를 아름답게 가꾸는 일이기 때문이다. 또 친구들과 싸우지 않고 잘 지내는 것도 나라를 사랑하는 방법이다. 갈등과 다툼이 많으면 나라가 분열되고 무질서해지기 때문이다. 공부를 열심히 하는 것도 나라 사랑과 연결된다. 공부를 열심히 해서 꿈을 이루면 사회에 큰 보탬이 되기 때문이다.

Ⅲ. 인문학 인물 탐구 – 김구

1. 김구는 집안을 일으키기 위해 과거 공부를 하여 벼슬을 하려고 하였다. 그런데 당시 조선 사회가 매우 부패하여 관리가 되려면 실력이 아닌 뇌물을 주어야 했다. 이러한 옳지 못한 선발 제도에 분노하고 실망하여 과거를 보겠다는 생각을 접었다.

2. '백범'의 '백(白)'은 백정, '범(凡)'은 범부를 뜻한다. 당시 백정은 가장 천한 직업의 사람들이었고, 범부는 평범한 일반 백성을 말한다. 김구는 이렇게 미천하고 평범한 사람들도 최소한 김구 정도의 애국심을 가지기를 바라는 마음에서 이런 호를 지었다. 그래야 우리나라가 독립을 이룰 수 있다고 생각한 것이다. 김구의 호는 김구가 얼마나 대한의 독립을 바라고 애국심이 투철했는지 잘 보여 준다.

3. 김구는 이봉창에게는 일본 도쿄에서 일본 국왕의 마차가 지나갈 때 폭탄을 던지라는 임무를 주었고, 윤봉길에게는 중국 상하이 훙커우 공원에서 열린 일본 장군들과 고위 관료들의 행사에 폭탄을 던지라는 임무를 맡겼다. 이봉창의 의거는 실패하였고 윤봉길의 의거는 성공하였다. 그러나 두 의거 모두 우리 민족의 독립 의지를 다시 한 번 세계에 알리는 계기가 되었다. 그리고 중국 국민당 정부가 대한민국 임시 정부를 지원하게 되었다.

4. 김구가 말하는 자유의 나라란 하고 싶은 걸 마음대로 마구 하는 나라가 아니라, 사랑의 덕과 법의 질서 아래에서 유지되는 책임을 지는 자유이다. 이는 국민의 의견이 정치에 제대로 반영되는 나라, 특정한 생각이나 신앙을 억압하지 않고 차별하지 않는 나라, 모두가 평등한 나라이다.

5. 김구의 삶에서 가장 먼저 떠오르는 건 애국심이다. 그는 죽는 걸 두려워하지 않고 나라의 독립을 위해 평생 헌신했다. 그리고 독립을 이룬 후에는 평화 통일을 이루기 위해 남북으로 뛰어다녔다. 이런 김구의 모습은 대가를 바라지 않는 순수한 애국심이다. 그리고 신념을 위해 어떤 상황에서도 굴복하지 않는 용기와 인내, 자신을 성장시키기 위해 끊임없이 배우고 익히는 자세 등을 본받을 수 있다.

인성의 기초를 잡아주는 처음 인문학동화 ⑫
김구 아저씨의 비밀의 집

1판 1쇄 발행 | 2015. 6. 29.
1판 10쇄 발행 | 2021. 5. 27.

김선희 글 | 정문주 그림 | 원유상 도움글

발행처 김영사 | 발행인 고세규
편집 문자영 | 디자인 김민혜
등록번호 제 406-2003-036호
등록일자 1979. 5. 17.
주   소 경기도 파주시 문발로 197(우10881)
전   화 마케팅부 031-955-3100 편집부 031-955-3113~20
팩   스 031-955-3111

© 2015 김선희, 정문주
이 책의 저작권은 저자에게 있습니다. 저자와 출판사의 허락 없이 내용의 일부를 인용하거나
발췌하는 것을 금합니다.

값은 표지에 있습니다.
ISBN 978-89-349-7142-9 74810
ISBN 978-89-349-5607-5(세트)

좋은 독자가 좋은 책을 만듭니다. 김영사는 독자 여러분의 의견에 항상 귀 기울이고 있습니다.
독자의견전화 031-955-3139 | 전자우편 book@gimmyoung.com | 홈페이지 www.gimmyoungjr.com
어린이들의 책놀이터 cafe.naver.com/gimmyoungjr | 드림365 cafe.naver.com/dreem365

이 도서의 국립중앙도서관 출판시도서목록(CIP)은 서지정보유통지원시스템 홈페이지(http://seoji.nl.go.kr)와
국가자료공동목록시스템(http://www.nl.go.kr/kolisnet)에서 이용하실 수 있습니다.
(CIP제어번호 : CIP2015017040)

어린이제품 안전특별법에 의한 표시사항
제품명 도서 제조년월일 2021년 5월 27일 제조사명 김영사 주소 10881 경기도 파주시 문발로 197
전화번호 031-955-3100 제조국명 대한민국 ⚠주의 책 모서리에 찍히거나 책장에 베이지 않게 조심하세요.